습관은 실천할 때 완성됩니다.

좋은습관연구소 60번째 좋은 습관은 특별한 기획입니다. 바로 현대자동차 그룹 소속의 계열사 임원들과 함께 정리한 "성장하는 리더의 좋은 습관"입니다. 국내는 물론이고 해외 사업 현장에서 바쁘게 일하고 있는 임원분들이 한 달에 한 번 혹은 두 번 모여, 리더십을 고민하고 자신의 경험을 글로 옮겨적었습니다. 그러면서 후배들에게 전하고 싶은 조언을 담았습니다. "선배 리더가 후배 리더에게" 전하는 리더십 조언, 살아있는 현장의 경험담을 만나보세요.

리더가 리더에게

LEADERSHIP

성장하는 리더의 좋은 습관

안승호, 조재순, 윤태종, 이용정, 이상민, 최훈영, 김진영 지음

좋은습관연구소

추천사

현장에서 단련된 선배 리더들의 살아 있는 경험과 통찰이 후배 리더들에게 전해지는 따뜻한 조언과 실천적 지혜가 이 책에 응축되어 있다. 학습, 덕목, 핵심 역량, 위기관리, 지속 가능한 성장까지 – 리더십을 배우려는 이에게 훌륭한 나침반이 될 것이다.

– 『일의 격』, 『거인의 리더십』, 『커넥팅』 저자 신수정

리더는 스스로에게 리더인 사람입니다. 그(녀)는 홀로 가만히 있는 침묵 명상을 통해 자신에게 감동적인 일을 선별하여, 매일매일 묵묵히 실천합니다. 주위 사람들은 그의 말이 아니라, 행동을 보고 기꺼이 따릅니다.

– 고전문헌학자 배철현 박사

현장의 리더들이 몸으로 직접 경험한 통찰을 '지식'이 아닌 '행동'의 습관으로 바꾸게 하는 실천형 리더십을 알게 해주는 일종의 매뉴얼 같은 책이다.

– 현대자동차 연구개발본부 전)사장 박정국

복잡한 인간관계에서 항상 내가 조금 손해 본다는 마음으로 일을 대하면 모두가 좋아한다는, 가장 기본적인 태도가 습관이 되도록 노력하면 좋겠습니다. 좋은 리더는 모든 사람에게서 배울 점을 찾습니다. 호기심과 경청도 실력입니다. 현대자동차의 찬란한 미래를 언제나 응원합니다.

–『38년, 뜨거운 자동차 인생』의 저자 현대자동차 생산품질담당 전)사장 서보신

이 책에는 자신의 경험을 솔직하게 드러내 준 여섯 명 리더들의 경험담이 들어있습니다. 이들의 이야기는 "변혁적 리더십"을 구성하고 있는 본질로서, 이 책을 접하는 리더들에게 큰 영감을 드릴 것이라 믿습니다.

– 현대자동차 R&D 본부 사장 양희원

"흔들리더라도 배우고 성장하는 과정을 두려워 말라." 수많은 리더십 지침서들이 있지만, 선배 임원들이 동료 및 후배 임원들에게 살아 있는 리더십 경험을 이야기해주는 책은 처음인 것 같다. 1년여에 걸친 집단지성의 여정을 통해 배우고 성장하는 과정을 오롯이 걸어온 저자들이 부럽고 자랑스럽다.

– 현대자동차 HMG경영연구원 부사장 김견

따듯한 공감과 경험에서 나온 진심 어린 조언으로 채운, 새롭게 리더
가 되시는 후배분들께 도움을 주고, 회사에서 큰 역할을 해주시길 기
대하는 선배들의 마음이 담긴 책이네요. 책 쓰는 게 어려운데 큰 노력
에 박수를 보내고 후배 리더들께 도움이 되길 응원합니다.

– 현대자동차 제조부문 부사장 정준철

후배와 동료들이 외롭지 않은 리더로 건강하게 성장하길 바라는 마음
의 결이, 저자들의 담담한 문장을 통해 고스란히 전해집니다. "저 역시
그랬습니다"라는 한마디에 담긴 진짜 경험은 어떤 리더십 고전보다도
깊은 울림과 위로, 깨달음을 줍니다. 배우는 리더, 공감하는 리더, 긍정
적인 리더, 성찰하는 리더, 겸허한 리더, 정직한 리더, 진정성 있는 리
더, 질문하는 리더, 전략적인 리더, 연결하는 리더, 솔선수범하는 리더,
함께 가는 리더의 모습 등이 평범한 리더의 일상 속에서 어떤 말과 행
동으로 드러나는지 구체적인 실체로 만날 수 있습니다.

– 현대자동차그룹 인재개발원장 상무 송미영

이 책은 리더로서의 먼 길을 가야 할 후배 리더들에게 따뜻한 응원과
용기를 전해줍니다. 선배 리더들의 진심 어린 조언이 리더로서의 첫걸
음을 더욱 든든하게 해줄 것입니다.

– 현대로템 생산본부 전무 정보근

이 책은 회사 조직 속에서 리더로 성장하며 매일같이 마주하는 고민을 따뜻하고 진솔하게 풀어냅니다. 다양한 상황에서 리더가 선택할 수 있는 현명한 방법들을 제시하며, 팀원 개개인의 성장과 조직의 목표를 조화롭게 이뤄가는 길을 함께 고민합니다. 인간에 대한 깊은 존중과 믿음을 담은 이 책은 리더뿐만이 아니라 모든 구성원에게 따뜻한 영감을 선사할 것입니다.

– 현대건설 토목사업본부 전무 강용희

이미 많은 이론가들이 저술한 리더십 관련 서적들이 있지만, 이 책처럼 현장에서 경험한 생생한 리더십 성장기를 접하기는 쉽지 않기에 더욱 가치가 큰 것 같습니다. 앞으로 같은 고민을 접하게 될 미래의 리더들에게 좋은 길잡이가 될 것으로 기대합니다.

– 현대모비스 품질담당 전무 최진안

리더 소개

안승호

신소재 전공으로 공학박사 학위를 받고, 2004년부터 현대자동차 연구개발본부에 재직 중이다. 자동차의 모든 재료는 외부 환경과 반응하여 '부식'이란 현상으로 나타나는 메커니즘을 중요하게 생각하고 근본적인 솔루션을 만들고자 연구하고 있다. 2009년 미국 기술연구소 주재원으로 일했으며, 2015년부터 4년간 파트장 역할을 했고, 2020년부터 연구전문가로 옮겨, 현재 연구위원으로 재직 중이다.

이 책에서는 부식 현상의 원리를 조직에 적용하여, 표면적 문제보다 근본 메커니즘 이해의 중요성을 강조했다. 조직 내 다양한 구성원들이 상호작용하며 성장하는 '일방적이지 않은 리더십'을 이야기했다. 선배들의 실패와 시행착오를 포함한 진솔한 경험을 통해 후배 리더들이 공통된 문제의 답을 찾도록 돕고자 했다.

조재순

기계설계학과를 졸업하고 현대자동차 93년 입사 이후 지금까지 에어백 등 충돌 시 승객을 보호하는 안전장치를 설계하는 업무를 맡았다. 현재는 통합안전개발실에서 충돌 관련 선행 기술 개발과 차량 안전성 확보 해석 및 시험 평가, 에어백, 안전벨트 설계 업무를 총괄하고 있다. "한 사람의 생명을 구하는 것이 전 우주를 구하는 것"이라는 사명감으로 최고의 안전 성능을 구현하기 위해 노력을 다하고 있다.

리더십의 확고한 신념으로 '생명'을 키워드로 삼았다. 기술적 노하우를 넘어 생명에 대한 경외심과 책임감을 바탕으로 리더십의 정체성을 확립했다. 후배 리더들에게 생명의 무게를 감당하며 배운 진솔한 깨달음을 전하고자 했다.

윤태종

기계공학과를 졸업하고 93년부터 현대자동차 울산공장에서 공장 건설과 관련된 업무로 회사 생활을 시작했다. 이후 프레스 금형 업무를 새롭게 시작하고, 4년 동안 체코 프레스(차체) 공장에서 주재원 생활을 했다. 실장이 되면서는 플라스틱, 주조 금형까지 업무 능력을 넓혔고, 현재는 신차 개발 관련하여 성형 부문과 차체와 도장의 업무를 담당하고 있다.

'기초에 충실하고 정성을 다하는 장인정신'을 리더십 철학으로 제시했다. 보이지 않는 곳에서 자동차의 뿌리를 다지 듯, 구성원 개개인의 성취와 회사의 성취를 동시에 이끌어내는 환경을 만들고자 했다.

이용정

토목공학과 졸업 후 현대건설 입사, 대청댐계통광역상수도 공사, 대만 고속철도공사, 청계천복원공사, UAE 칼리파 항만공사, 필리핀 남북철도공사 등 국내외적으로 주요한 인프라 프로젝트에 현장 엔지니어, 팀장, 소장으로 참여했다. 본사 견적팀장으로 근무하면서는 싱가폴 항만 Finger 3 프로젝트, 쿠웨이트 Alzour LNG 터미널 공사 등을 수주했다. 현재는 토목사업본부 해외 공사 담당 임원으로 재직 중이다.

여러 건설 현장의 경험을 바탕으로 "완벽하지 않아도 괜찮다"는 리더십을 체득했다. 현장의 다이내믹한 상황 속에서 여러 갈등을 이해하며, 구성원들 각자의 방법으로 성장할 수 있도록 돕고자 했다. 살아남는 것을 넘어 성장하는 법을 후배들에게 전하고자 했다.

이상민

기계공학과 재학 시절 자동차 부품 제조사에 취업했다. 이후 2005년 현대모비스로 이직하여 조향, 제동, 램프 등 자동차 부품의 품질 확보 체계를 구축했다. 2012년 슬로바키아 공장의 주재원으로 일하기도 했으며, 2018년 팀장이 되면서 리더가 되었다. 이후 에어서스펜션 시스템 전체를 국산화 개발에 성공하고, G90 차량에 적용했다. 2024년부터는 품질 실장을 맡아, 신차종에 대한 모비스 제품 개발과 품질 확보 임무를 수행하고 있다.

"진심으로 미안합니다"라고 말할 수 있는 용기있는 리더다. 깨물어 안 아픈 손가락이 없는 것처럼 모든 구성원들이 자신의 재능을 펼칠 수 있도록 맞춤형 리더십을 발휘했다. 같이 일을 하는 팀에서 한 솥밥을 먹는 가족이 된 것처럼, 함께 여행을 다니고 캠핑을 간다.

최훈영

금속공학과를 졸업하고, 대학원에서 Physical Metallurgy(물리야금학) 분야를 전공했다. 이후 KITECH(한국생산기술연구원)과 KAERI(원자력 연구원)에서 산업용 신소재 개발 업무를 수행하였으며, 자동차 협력사와 함께 경량화 소재 부품 개발 업무에도 참여했다. 이후 2008년 현대로템에 입사하여 철도차량 차체, 의장 생산 기술 및 Mock up 시제 제작 담당으로 근무를 시작했으며, 현재는 생산기술실장으로 재직 중이다.

객차와 객차가 이어서 기차가 되는 것처럼 기술과 사람, 현재와 미래를 잇는 "연결의 힘"을 리더십의 본질로 삼았다. 안전한 작업 환경을 만들고 미래 인재 육성을 위해 실패와 위기를 감추지 않고 함께 문제를 풀고자 토의하는 문화를 만들었다.

김진영(리더십 코치)

영어영문학과를 졸업하고, 대학원에서 경영학을 전공했다. 24년 조직 생활 동안 제조업, 유통업, 정보통신업, 공공기관 등에서 전략기획, 신사업기획, IT기획 업무를 담당했다. 지금은 커넥팅더닷츠 대표로 조직과 리더를 대상으로 한 경영과 리더십 강의 및 코칭을 수행하고 있다.

〈팀장으로 산다는 건〉(2021), 〈위임의 기술〉(2024) 등 베스트셀러 작가이며, 리더를 위한 저술 프로젝트를 진행하고 있다. 현재 한국기술교육대학교에서 인력경영(HRM) 박사 과정 중이다.

리더의 핵심 습관 10가지

01 / 매일 배우는 태도 유지하기

독서·대화·현장에서 끊임없이 배우며 성장한다.

02 / 정직과 투명성 지키기

불편한 진실도 공유하고 신뢰를 쌓는다.

03 / 겸손하게 경청하기

정답을 독점하지 않고, 구성원 의견을 받아들인다.

04 / 사색과 성찰의 시간 갖기

매일 잠깐이라도 스스로를 돌아보며 결핍을 채운다.

05 / 작은 감사와 인정 표현하기

구체적으로 칭찬하고, 수고를 제대로 보상한다.

06 / 초심 잃지 않기

처음의 간절함과 진정성을 기억하며 중심을 잡는다.

07 / 일관된 언행으로 신뢰 만들기

작은 습관과 도덕적 기준을 지켜 모범을 보인다.

08 / 구성원 강점 살리기

획일적인 리더십 대신 맞춤형으로 잠재력을 끌어낸다.

09 / 스트레스 관리하기

운동·취미 등으로 균형을 유지하고 긍정 에너지를 전한다.

10 / 비전과 의미 자주 설명하기

'왜 이 일을 하는가'를 생활 언어로 풀어 팀과 공유한다.

프롤로그

(1)

어느 날 갑자기 리더가 되었을 때, 가장 먼저 드는 생각이 무엇일까요? 잘할 수 있을까 하는 걱정과 두려움 그리고 또 누구보다도 잘해낼 수 있다는 자신감입니다. 그런 마음을 부여잡고 리더십 교육도 받아 봅니다. 하지만 잠시 내리는 소나기가 여름의 무더위를 없앨 수 없는 것처럼, 갈증을 완전히 해결하지는 못합니다. 그리고 리더로서 필요한 역량이 개인 업무에서 성과를 일궈냈던 것과는 전혀 다르다는 것도 금방 깨닫게 됩니다.

아무리 훌륭한 리더십 이론이 있다 하더라도, 현장에서 마주하는 상황과 레고 블록처럼 딱 맞아떨어지는 경우는 드뭅니다. 주변 상황과 시기에 따라 사람들 반응이 제각각이기 때문입니다. 결국 조직은 사람입니다. 닭이 먼저인가 알이 먼저인가처럼, 조직의 목표가 먼저인지 개인의 목표가 먼저인지 질문할 수는 있지만, 리더십에서 만큼은 "사람"이 우선되어야 합니다.

"입가에 미소까지 그렸지만, 마지막 한 가지를 못 그린 것은 지금도 알 수 없는 당신의 마음." 흘러간 노래의 가사지만, 사람의 마음을 제대로 파악하기란 여전히 어렵다는 이 노랫말은 지금도 유효합니다. 그렇기에 리더는 더욱 겸손한 자세로 구성원을 이해하려고 노력해야 합니다.

과거처럼 앞만 보고 달려가던 시대에서 벗어나 이제는 다양성이 존중받고 중요하게 여겨지는 세상입니다. 이런 시대 흐름에서 조직이 경쟁력을 갖추려면 창의력이 자유롭게 발현되는 문화와 함께 구성원들 또한 자신의 다양성을 인정받을 수 있어야 합니다.

언젠가 어떤 분의 사무실을 방문했을 때의 일입니다. 사무실 한편에 놓여 있던 커다란 화분의 나무가 죽어가고 있었습니다. 바닥에는 메말라 비틀어진 잎들이 떨어져 뒹굴고,

돌보는 사람의 손길이 닿지 않은 듯 보였습니다. 나무를 관리하는 주인이 뭔가에 정신이 팔려 있는 것 같았습니다.

이 광경을 보며 문득 이런 생각이 떠올랐습니다. 나는 구성원들을 얼마나 애정 어린 시선으로 보고 있는 걸까? 그들의 성장을 위해 필요한 양분을 채워주고자 얼마나 노력하고 있는 걸까? 리더란 결국 구성원들이 건강하게 성장할 수 있도록 돌보는 정원사와 같은 존재가 아닐까?

(2)

현대자동차그룹의 실장 이상 리더들이 자율적 학습 활동의 일환으로 현장에서 적용 가능한 리더십에 대해 공부하였습니다. 현장에서 부딪히며 터득한 경험을 바탕으로, 동료 리더나 후배 리더들에게 남기고 싶은 말을 정리하고자 하는 욕심에서 이 책을 시작했습니다. 최소한 실패하지 않는 리더가 되기 위해 필요한 몇 가지를 나누고 싶었습니다.

그러나 우리가 고민했던 것과 경험했던 것을 글로 표현한다는 것은 무척 어려운 일이었습니다. 생전 하지 않던 일을 하는 것처럼 서투름이 가득했습니다(실제로 책을 쓰는 건 처음이기도 했습니다). 그럼에도 이제 막 리더 역할을 시작하는 동료 및 후배 리더들과 고민을 나누고 싶습니다.

우리는 리더십을 전문적으로 공부하거나 연구한 학자들이 아닙니다. 여기에 모인 글은 몇 명의 실장이 후배들에게 들려주고 싶은 이야기입니다. 전문 작가처럼 매끄럽게 글을 쓰지도 못했고, 다소 중복되거나 유사한 내용이 있을 수도 있습니다. 하지만 현장에서 터득한 날것 그대로의 생각과 깨달음을 담으려 했습니다. 이 책의 한 문장이라도 위로와 도움이 되었으면 하는 바람입니다.

(3)

우리는 완벽한 리더가 아닙니다. 여전히 배우고 성장하는 과정에 있습니다. 리더의 자리에 선 여러분도 마찬가지입니다. 그렇기에 두려워하지 않았으면 합니다. 실수할 수도 있고 때로는 흔들릴 수도 있습니다. 하지만 그 모든 것이 성장의 밑거름이 된다는 점을 위안으로 삼았으면 합니다.

전국에 흩어져 있는 그룹사 실장님들이 비정기적으로 모여 논의하고 글을 쓰기까지는 결코 쉽지 않은 여정이었습니다. 그럼에도 인재개발원의 전폭적인 지지와 관심, 지원이 큰 힘이 되었습니다. 이 자리를 빌려 깊은 감사를 드리며, 책을 계기로 현장에서 더욱 헌신적이고 책임감을 다하는 리더가 될 것을 약속합니다.

리더의 여정을 시작하는 모든 분의 건승을 바라며, 이 책이 또 다른 훌륭한 리더의 탄생을 돕는 하나의 디딤돌이 될 수 있기를 간절히 희망합니다.

목차

리더에게 필요한 덕목

팀을 이끄는 기술, 리더의 핵심 역량

리더의 위기관리

리더의 지속 가능한 성장

리더의 학습과 멘탈 관리

___

리더의 학습과 멘탈 관리

지식 습득

학습을 멈추지 않는다

조재순

"아, 이론만으로는 정말 한계가 있구나."

꽤 긴 학창 시절을 거치며 공부했습니다. 하지만 막상 현장에 와보니 솔직히 당황스러웠습니다. 교과서에서 배운 지식이 실제 비즈니스 현장과는 다르게 돌아가는 것이 너무나 많았습니다. 저만 이렇게 생각하는 것은 아닐 것 같습니다.

현장의 문제는 생각보다 훨씬 복잡하고 여러 요소가 뒤엉켜있습니다. 단순히 지식을 안다고 해서 되는 것도 아니고, 오히려 어떻게 현실에 적용해서 문제를 해결할 것인가가 더 중요합니다. 학교에서의 공부가 기본기를 다지는 시간이었다면, 현장에서의 경험은 기본기에 응용력을 덧붙이는 시간입니다. 저는 이를 "진짜 학습의 시작"이라고 봅니다.

처음 연구소에 들어갔을 때 이런 현실을 뼈저리게 느꼈습니다. 연구소 도서관을 수시로 드나들며 SAE(국제자동차기술자협회) 논문, NHTSA(미국 고속도로 교통안전국) 자료, Euro NCAP(유럽 신차 안전도 평가) 보고서를 읽었습니다. 단순히 정보를 얻기 위해서가 아니라, 글로벌 표준이 무엇인지, 최신 기술 동향이 무엇인지 알고 싶었습니다. 나아가 현장의 복잡한 문제를 해결하는 실질적인 통찰을 얻고자 했습니다. 그런데 공부를 거듭하면 할수록 새로운 기술과 방법론에 대한 갈증이 생겼습니다. 그러면서 계속해서 공부를 하지 않으면 안 된다는 생각을 했습니다.

기술의 변화 속도는 정말 빠릅니다. 과거 지식만으로는 현재의 문제가 해결되지 않습니다. 특히 제가 다루는 충돌 안전 분야를 보면, 법규 및 충돌 상품성 관련 내용도 계속 바뀌고, 물리 현상에 대한 이해도 점점 필요합니다. 신차를 대상으로 하는 각종 테스트 결과 분석이나 시뮬레이션 기법도 빠르게 발전합니다.

저는 자동차 안전 기술이 단순히 장비 스펙 경쟁이 아니라고 생각합니다. 사람의 몸이 어떻게 상해에 반응하는지,

실제 교통사고가 어떤 패턴으로 일어나는지, 이런 것들에 대한 이해의 총합이라고 생각합니다. 한마디로 기계공학만이 아니라 인간공학과 생체역학이 함께 어우러지는 분야입니다.

후배들에게 항상 강조하는 부분이 있습니다. 기술을 습득할 때 단순히 데이터나 수치만 보지 말고, 그 배경과 맥락을 이해하라, 입니다. 문제 해결의 시작은 좋은 질문에서 나오는데, 배경과 맥락을 알아야 올바른 질문을 할 수 있습니다. 즉 단편적인 결과 수치를 묻는 질문이 아니라, 근본 원인을 묻는 질문이 필요합니다.

빌 게이츠가 매년 수십 권의 책을 읽으며 지식의 폭을 넓히고, 워런 버핏이 하루 대부분을 독서와 사색에 할애하고, 일론 머스크가 독학으로 로켓 과학부터 인공지능까지 다양한 분야를 습득하고, 사티아 나델라는 '성장 마인드셋'을 강조하며 끊임없는 배움을 독려하는 등 세계적인 리더들은 계속된 학습을 통해 전문성을 심화시키고 질문의 힘을 키웁니다.

수동적으로 지식을 받아들이기만 해서는 안 되고 능동적으로 새로운 영역을 탐구하는 자세를 가져야 합니다. 변화를 미리 감지하고 선제적으로 학습해야 합니다. 이러한 능력은 이제 선택이 아닌 필수입니다. 개인적인 성장뿐만이 아니라 팀원들에게 올바른 방향을 제시하고, 조직 전체의 역량을 끌어올리는 데 꼭 필요한 리더십의 핵심 역량입니다.

스스로를 끊임없이 채찍질하며 자신의 영역에서 최고의 전문가가 되기 위해 노력하는 것, 배움의 끈을 놓지 않고 계속 자신을 갈고닦는 것, 조직의 지속 가능한 성장을 이끌며 산업 전체에 긍정적인 영향을 미치는 핵심 동력을 가지는 것, 이 모두 멈추지 않는 학습에서 비롯됩니다. 산업 생태계가 급변하고, 비즈니스 환경 예측이 점점 어려워지는 상황에서 새로운 지식 습득은 너무나도 당연한 일입니다.

전문가 소양은 한 번 갖춘다고 끝이 아닙니다. 리더라면 늘 공부한다는 생각을 절대로 놓쳐서는 안 됩니다.

김 코치의 실천 한 마디

세상의 빠른 변화 속에서 학습은 매일 해야 하는 활동이 되었습니다. 새로운 지식을 얻어야 한다는 강박에 습득(Input)에만 집중하는 모습도 나타났습니다. 하지만 누구나 정보에 접근할 수 있는 지금은 처리(Processing)와 적용(Output)에 더 힘을 쏟아야 합니다. 많이 아는 것에만 머물러서는 안 됩니다. 결과 생산으로까지도 확장해야 합니다. 아울러 결과가 어떤 의미인지 구성원과 공유하는 노력도 중요합니다.

어느 누구로부터도 배운다

윤태종

리더라는 자리는 책임과 기대가 뒤엉킨 무거운 자리입니다. 팀을 이끌고, 목표를 향해 나아가며, 때로는 조직의 중심에서 흔들리지 말아야 한다는 부담을 안고 살아갑니다. 하지만 그 무게에 짓눌리다 보면 정체되기도 쉽습니다.

처음 리더가 되었을 때는 주어진 역할에 몰두한 나머지, 임무 완수에만 모든 에너지를 쏟았습니다. 그런데 그렇게 업무에만 올인하다 보면 "이건 제 일이 아니에요"라는 생각으로 다른 성격의 일을 또 외면하게 됩니다. 그리고 새로운 도전에 대한 두려움도 커집니다. 시야는 점점 좁아지고 성장의 기쁨은 멀어져만 갑니다. 틀에 갇히는 순간, 리더의 성장은 멈춥니다.

정체되지 않기 위해 필요한 것은 "끊임없는 배움의 자세"입니다. 배움이란 책상에 앉아 지식을 쌓는 것만을 의미하지는 않습니다. 일상 속, 특히 주변 사람들과의 상호작용에서도 큰 깨달음을 얻습니다. 그리고 꼭 선배나 나보다 뛰어난 사람들로부터만 배움을 얻는 것도 아닙니다.

저는 팀원들과 꼭 일과 연관된 것이 아니더라도 일상의 지식, 내가 모르는 자식과 부모 사이의 관계 개선을 위한 팁, 알려지지 않은 좋은 여행지, 삶의 태도나 방식 등에 대해서도 자주 대화합니다. 처음에는 동료에 대한 작은 호기심 정도로 대화를 시작하지만, 같이 얘기하고 고민을 나누다 보면, 그들의 관점에서 세상을 바라보는 소중한 기회를 얻습니다. 후배들로부터도 얻는 귀중한 배움입니다.

오늘 동료의 이야기에 귀 기울이고 새로운 시각을 가져보는 건 어떨까요? 작은 호기심이 배움이 되어 리더로서의 성장을 이끄는 큰 발걸음이 됩니다. 리더가 먼저 호기심을 가지고 배우려는 자세를 보인다면, 팀 내에서도 배움과 성장의 문화가 만들어집니다. 리더로서의 성장이 단순히 업무를 잘하는 것만으로는 충분하지 않다는 것을 깨달아야 합니다.

김 코치의 실천 한 마디

실적 리뷰를 많이 합니다. 주간, 월간, 분기 등. 기간 단위마다 실적을 돌아봅니다. 그런데 아쉽게도 "실적을 만드는 힘"을 리뷰하는 리더나 조직을 찾아보긴 어렵습니다. 저는 학습을 추동하고, 학습 분위기를 형성하는 '호기심' 리뷰를 해볼 것을 추천해드립니다. 지난 특정 시기 동안 얼마나 새로운 것에 호기심을 갖고서 얼마나 질문하고, 연구했는지 돌이켜보는 것입니다.

더 깊은 인간이 되다

윤태종

리더의 역할은 끊임없는 도전의 연속입니다. 팀을 이끌고, 결정을 내리며, 모두가 나아갈 방향을 제시하는 이 일에 가장 필요한 것은 새로운 시각과 깊은 통찰입니다.

사람으로부터 배우는 것이 가장 생생하고 직접적인 배움의 길이지만, 누군가와 깊이 있는 대화를 나누거나 조언을 구할 기회를 만나는 것은 쉬운 일이 아닙니다. 이때 우리 곁에서 든든한 동반자가 되어주는 것이 바로 "책과 독서"입니다.

독서는 리더에게 지식의 축적을 넘어, 마음의 안식을 선물합니다. 한 권의 책을 펼칠 때, 우리는 잠시 일상의 쳇바

퀴에서 벗어나 책 속 주인공이 보내는 내면의 목소리를 듣습니다. 다양한 사람과 그들의 성공과 실패, 그리고 그 안에서 피어나는 지혜는 새로운 관점을 선사합니다.

어느 리더의 자서전을 읽으며, 결단과 용기에 감동을 하기도 하고, 철학자의 글을 통해서는 복잡한 문제에 단순하게 접근하는 법을 배우기도 합니다. 때로는 소설 속 인물의 감정에 공감하며, 우리가 놓쳤던 사람의 마음을 헤아리는 법도 깨닫습니다. 이런 순간은 단순히 지식을 쌓는 것을 넘어, 우리를 더 나은 리더로, 더 깊은 인간으로 만듭니다.

책은 언제나 내 곁의 스승입니다. 사람과의 만남은 시간과 상황에 제약을 받지만, 책은 언제든 펼치기만 하면 새로운 세계로 우리를 초대합니다. 바쁜 하루를 보내고 지친 저녁, 책상에 앉아 몇 페이지라도 읽으며 마음을 다스리는 시간은 새로운 아이디어를 얻으면서 잊고 있던 열정을 되찾는 순간이기도 합니다. 반면, 책과 멀어지게 되면 점점 시야가 좁아지고, 문제를 바라보는 시각도 단조로워집니다. 그렇기 때문에 리더로서 정체되지 않으려면 책은 취미가 아니라 필수 동반자이어야 합니다.

한 페이지라도, 한 문장이라도 책을 통해 새로운 세상을 만나보십시오. 그 순간이 쌓여, 리더로서의 통찰과 여유를

 리더의 학습과 멘탈 관리

갖게 됩니다. 팀을 이끌며 마주하는 수많은 도전 속에서 책은 우리에게 지혜를 주고 마음을 다잡아주는 안식처가 됩니다.

뻔한 말 같지만 백 번 강조해도 지나치지 않습니다. 독서는 리더에게 꼭 필요한 습관입니다. 오늘, 책 한 권을 곁에 두고 한 페이지를 펼쳐보시는 건 어떨까요? 여러분의 리더십 여정에 새로운 영감을 불어넣어 줄 것입니다.

김 코치의 실천 한 마디

독서 습관을 부정하는 리더는 없을 겁니다. 문제는 시간이 부족하다는 점입니다. 독서에 시간을 따로 빼기 어려운 게 현실입니다. 이럴 때는 내가 자주 머무는 장소에, 그곳에 알맞은 책을 배치하는 방법을 써보세요. 침대맡에는 가벼운 에세이나 소설을 두고, 사무실 책상 위에는 경영 전략서, 회의실에는 정보 잡지를 두는 것입니다. 물론 스마트폰을 멀리 두는 습관도 요즘은 필요합니다.

리더의 당연한 일

이상민

팀장이 되면서, 저는 조직과 구성원들에게 부끄럽지 않은 리더가 되겠다고 다짐했습니다. 결심을 실천에 옮기기 위해서 크고 작은 리더십 교육과 세미나에 빠짐없이 참석했고, 그룹에서 추천하는 책도 전부 구해서 읽었습니다. 그리고 단순히 읽고 듣는 것에만 그치지 않고, 실천해야 할 구체적인 항목을 뽑아 저만의 행동 지침을 만들기도 했습니다.

그렇게 반복하며 실천하다 보니, 습관이 되고 원칙이 되고, 저만의 고유한 리더십 철학이 만들어졌습니다. 그리고 제가 맡던 조직의 문화도 점점 더 긍정적인 방향으로 변화하기 시작했습니다. 구성원들의 업무 태도와 조직에 대한 애착도 눈에 띄게 좋아졌습니다. 무엇보다 팀의 전체적인 성과가 이전과는 비교할 수 없을 정도로 향상되었습니다.

하지만 이를 유지하는 것은 말처럼 쉬운 일이 아니었습니다. 나름 오랜 시간에 걸쳐 정성스럽고 공들여 만든 조직 문화, 팀원들과 원칙처럼 지켜온 수많은 약속과 합의 사항이, 어느 날 갑자기 떨어지는 예상치 못한 지시로, 상급자의 감정적인 행동 때문에, 회사의 급작스러운 운영 방식의 변화로 완전히 무력해져 버리는 일도 있었습니다.

고백하건대, 조직의 상급자가 조급하게 몰아치고 감정적으로 압박해오면, 긴장되고 답답한 분위기에 휘말려 저 역시 팀원들에게 똑같은 방식으로 응대하는 등 감정 컨트롤을 못할 때가 많았습니다. 어느 날은 팀원들에게 날카롭고 상처가 되는 말을 내뱉기도 했습니다.

"왜 이것밖에 못 했습니까?"

제가 가장 하기 싫었던 말, 상급자에게서 들을 때마다 가슴이 조였던 그 말을, 다른 누군가에게 하는 모습을 발견할 때마다 깊은 자책감과 무력감이 파도처럼 밀려왔습니다. '나는 지금 도대체 누구를 위해, 무슨 의미의 리더십을 하고 있는 걸까?', '이건 정말 아니잖아', 그런 마음이 하루에도 수없이 들었습니다. 그러나 힘들고 괴로운 순간에도 저는 여전히 리더였습니다. 리더라는 무거운 자리를 그냥 던져버릴 수도 없고, 그렇다고 제가 책임져야 할 팀과 팀원들을 보호하지 않을 수도 없었습니다.

상급자의 압박과 팀원들의 기대 사이에서 마음이 흔들리고 깊은 후회에 빠지면서도 매일 새로운 다짐을 했습니다. 분노와 무력감, 좌절과 책임감 사이에서 조직과 팀원들을 생각하며 묵묵히 버텨나갔습니다. 지금 이 순간에도 수많은 중간관리자와 팀 리더가 겪는 진짜 고통이며, 위아래로 끼인 리더들이 매일 마주하는 현실입니다.

리더라는 이름은 생각보다 훨씬 외롭고, 그 책임은 상상 이상으로 무겁고, 매 순간의 선택은 언제나 깊은 갈등과 고민을 동반합니다. 결국 가장 외로운 자리에서 가장 어려운 결심을 내려야 하는 사람은 리더입니다. 그렇기 때문에 우리 리더들이 충분히 존중받고 보호받을 수 있는 환경이 필요합니다. 그래야만 조직이 추구하는 건강한 문화가 만들어집니다.

동료 리더들에게 전하고 싶습니다. 어려움은 있을 수밖에 없습니다. 절대 사라지지 않습니다. 완벽하지 않아도 괜찮고, 흔들려도 괜찮습니다. 나 자신을 존중하고 아끼면서

리더십을 발휘해 나가는 일에 지치지 말아야 합니다. 그것
이 '리더의 당연한 일'입니다.

김 코치의 실천 한 마디

윤호현 작가의 『지쳤다는 건 노력했다는 증거』 책의 내
용 중 일부를 소개하며 여러분을 응원합니다.

지쳤다는 건 노력했다는 증거
실패했다는 건 도전했다는 증거
긴장된다는 건 진심이라는 증거
슬럼프가 왔다는 건 열정을 쏟아 부었다는 증거
그럼에도 무너지지 않은 건 당신은 결국 해낼 사람이란
증거

겸손

실수 할 수 있음을 항상 생각한다

조재순

리더에게 겸손과 겸허함은 단순히 미덕을 넘어, 어떠한 어려움에서도 자신을 돌아보고 더 나은 방향으로 나아갈 수 있게 하는 근본적인 힘입니다. 때로는 예상치 못한 질책이 나를 깨우고, 그때의 충격이 잊지 못할 교훈이 되어 진정한 리더가 되는 원동력이 되기도 합니다.

저는 2003년의 어느 날을 잊을 수가 없습니다. 지금 말씀드리기에는 너무 부끄러운 일이지만, 회사 회식에서 과음한 다음 날, 끝내 출근을 하지 못했습니다. 팀장님은 다음 날 출근한 저에게 웃는 얼굴로 잘 쉬었느냐며, 별다른 말씀을 하지 않으셨습니다. 하지만 이후 다른 동료에게서 "술

먹고 출근 안 하려면 회사를 나가라"는 팀장님 말씀이 있었다는 얘기를 전해 들었습니다.

꽤 큰 충격이었습니다. 직접 전해 들은 질책이 아니었기에 더욱 날카롭게 와 닿았고, 저의 나태함과 프로답지 못한 태도에 대해 뼈저리게 반성했습니다.

그 이후 단 한 번도, 회식이나 어떤 개인적인 이유로 회사를 빠지거나 하지는 않았습니다. 사전에 승인받은 월차 외에는 무조건 출근을 했습니다. 어쩌면 너무나 당연한 일이겠지만, 스스로와의 약속이자 회사에 대한 저의 기본 자세를 바로 세우는 일이었습니다.

또 한 번은 협력사와의 중요한 회의를 앞둔 하루 전이었습니다. 마찬가지로 회식 자리에서 과음을 하게 됐습니다. '이대로 집에 가면 내일 출근하지 못할 수도 있겠다'는 생각이 들었습니다. 저는 주저 없이 회사 회의실에서 잠을 청했습니다. 그리고 다음 날 아침 회의에 무사히 참석할 수 있었습니다.

누구나 완벽할 수 없습니다. 하지만 자신의 부족함을 인정하고, 타인의 질책을 겸허하게 수용하며 스스로를 끊임없이 되돌아보는 것은 반드시 해야 하는 일입니다. 때로는 따끔한 피드백이 불편할 때도 있습니다. 하지만 겸허한 마음으로 경청하고 성찰할 때 우리는 한 단계 더 발전할 수 있습니다.

실수 할 수 있음을 항상 생각하고, 실수했을 경우 어떻게 대처할 것인지 생각해두는 것은 "겸손"입니다. 겸손은 나 자신뿐만이 아니라 내가 이끄는 조직의 지속 가능한 성장을 위해서도 가장 중요하게 지켜야 할 가치입니다.

김 코치의 실천 한 마디

무엇이 사람들을 겸손하게 이끌까요? 타고난 성격을 언급하는 사람이 많지만, 그보다 관점(마인드셋)이라고 봅니다. 우선 '나는 완벽하지 않다'는 마음가짐이 있어야 합니다. '내 모자람을 남들이 알게 하면 안 되지!'하는 경계심은 현실 안주와 퇴보로 이어집니다. 따라서 부족함을 드러내는 순간에도 창피함을 이길 수 있는 성장 지향 마인드가 꼭 필요합니다. '창피는 한순간, 성장은 영원히'라는 문구를 모니터에 붙여두고 되새기는 것도 하나의 방법입니다.

 리더의 학습과 멘탈 관리

스포츠 하나쯤은 필요하다

윤태종

리더로서 살아가다 보면 스트레스는 피할 수 없는 동반자 같은 것입니다. 중요한 의사결정을 내려야 하고, 팀의 성과에 대한 책임을 져야 하고, 어려운 상황들을 혼자서 감당해야 합니다. 이러한 스트레스가 쌓이다 보면 어느새 판단력이 흐려지고, 팀에게 전달하는 에너지마저 부정적으로 바뀌게 됩니다.

저 역시 그런 악순환을 경험한 적이 있습니다. 업무가 복잡해지고 해결해야 할 문제가 산적해 있을 때면, 머릿속이 온통 그 생각으로 가득 찼습니다. 퇴근 후에도 일 생각이 떠나지 않았고, 주말에도 제대로 쉬지 못했습니다. 결국 다음 주에도 지친 상태로 업무에 임하는 패턴이 반복되었습니다. 그러던 중 문득 예전 기억이 떠올랐습니다. 젊었을 때 테니스를 하며 보낸 시간이었습니다. 그때는 그저 재미로 했던 운동인데, 지금 생각해보니 그 시간을 꽤 소중하게 여겼던 것 같습니다. 결국 용기를 내 테니스 레슨을 다시 시작했습니다. 그리고 테니스 클럽에도 새롭게 가입했습니다.

라켓을 다시 잡았을 때의 감촉은 참 묘합니다. 몸은 예전만큼 유연하지 않지만, 공을 치는 순간만큼은 모든 잡념이 사라지더군요. 공이 라켓에 맞는 순간에만 집중하니 머릿속을 괴롭히던 업무 스트레스 역시 잠시나마 멈추었습니다. 몇 시간 전까지만 해도 머릿속을 헤집고 다니던 문제가 심각하게 느껴지지 않았고, 전혀 다른 관점에서 해결책이 떠오르기도 했습니다. 몸을 움직이고 땀을 흘리는 동안 뇌도 함께 리셋되는 경험을 했습니다.

젊었을 때는 운동 후에 클럽 분위기에 휩쓸려 술자리가 길어지는 경우가 많았는데, 지금은 그런 것보다는 운동 자체에 더 집중하게 되더군요. 나이가 들면서 자연스럽게 우선순위도 달라진 것 같습니다. 건강도 더 챙겨야 하고, 다음 날 업무에도 지장이 없어야 하니까요.

그리고 정말 놀라운 것은 운동의 효과였습니다. 특히 온

종일, 유독 더 긴 업무 스트레스로 탈진될 정도로 멍해질 때도 퇴근해서 클럽으로 향하는 발걸음 자체는 치유의 시작이었습니다. 코트에 들어서서 클럽 멤버들과 인사를 나누고, 준비 운동을 하고, 본격적으로 게임을 시작하면, 어느새 모든 스트레스가 공과 함께 날아갔습니다. 그렇게 한 게임이 끝나고 나면 정말 신기할 정도로 마음이 가벼워졌습니다.

스트레스가 줄어드니 업무에 임하는 것도 훨씬 여유롭고 집중력 있게 바뀌었습니다. 팀원들과의 대화도 차분하고 균형 있게 할 수 있었고, 어려운 상황이 닥쳤을 때도 감정적으로 대응하기보다는 냉정하게 판단하는 여유가 생겼습니다.

클럽 멤버들과의 관계는 또 다른 즐거움입니다. 회사에서는 상하 관계나 업무적 이해관계가 늘 존재하지만, 코트에서는 그저 테니스를 사랑하는 사람들로만 만나게 되니 나이도, 직업도, 사회적 지위도 따지지 않는 순수하고 편안한 관계가 만들어졌습니다.

리더로서 살아가다 보면 항상 긴장 상태를 유지해야 하고, 많은 것들을 신경 써야 하지만 그런 상태가 계속되면 지치게 되고, 최적의 성과를 내기가 어려워집니다. 스포츠는 이런 긴장을 풀어줄 수 있는 가장 확실한 방법입니다.

골프든, 축구든, 배드민턴이든, 심지어 혼자 하는 러닝이나 수영이든 어떤 것이라도 좋습니다. 몸을 움직이면서 일상의 스트레스에서 완전히 벗어날 수 있는 시간을 정기적으로 갖는 것이 중요합니다. 그런 시간이 있어야 다시 업무로 돌아왔을 때 더 명확한 사고와 안정된 감정으로 팀을 이끌 수 있습니다.

바쁘다는 핑계로 운동을 미루기 쉽지만, 몇 시간의 운동이 며칠간의 스트레스를 날려버릴 수 있다면, 그것만큼 효율적인 투자도 없습니다. 자신만의 스트레스 해소를 위한 스포츠 하나쯤은 꼭 만들어보길 후배 리더들에게 권합니다. 분명 업무에서도, 삶에서도 더 여유롭고 균형 잡힌 자신을 발견하게 될 것입니다.

김 코치의 실천 한 마디

'올해는 운동해야지'라는 결심을 한 번도 안 해본 리더는 없을 것입니다. 그러다 차일피일 미루고, 걷기라도 열심히 해보자고 생각합니다. 시간을 많이 낼 수 없더라도 짧은 시간에 중강도 이상의 운동은 꼭 해보길 추천합니다. 가장 좋은 방법은 가볍게 뛰기입니다. 러닝머신의 경사도를 약

간만 올려도, 오래 달리지 않아도 될만큼 충분한 운동이 가

능합니다. 숨이 찰 정도로 20~30분 정도면 충분합니다.

회사 밖 사람을 만나다

윤태종

리더로서의 삶을 살아가다 보면 회사 안에서의 역할과 책임에 온전히 집중하게 되는 것이 자연스러운 일입니다. 주어진 업무를 완수하고, 팀을 이끌며, 성과를 만들어내는 것이 우리의 기본 임무이니까요. 하지만 이런 일상이 계속되다 보면 어느새 시야가 회사 울타리 안에만 머물게 된다는 것을 발견하게 됩니다.

저 역시 얼마 전까지는 그런 상태였습니다. 아침에 출근해서 일하고, 퇴근해 집으로 돌아가서도 업무와 관련된 생각으로 머릿속이 가득찼습니다. 회사에서 동료와 나누는 대화도 자연스럽게 회사 일, 프로젝트 이야기, 업계 동향에

관한 것이 대부분이었습니다. 물론 이런 대화들이 의미 없다는 것은 아닙니다. 어쩌면 업무에 내가 얼마나 집중하고 있는지를 보여주는 증표이기도 합니다. 하지만 점점 더 매몰되어 간다는 느낌이 드는 것은 부정할 수 없습니다.

그러던 중 우연한 기회로 독서 모임에 참여하게 되었습니다. 처음에는 단순히 책을 읽고 이야기를 나누는 모임 정도로만 생각했는데, 막상 참여해보니 그것보다 훨씬 더 큰 의미가 있었습니다.

교사, 디자이너, 의료진, 자영업자, 심지어 은퇴하신 분들까지 정말 다양한 분이 참석했습니다. 저와는 다른 환경에서 다른 방식으로 살아가는 사람들이었습니다. 이분들과 대화를 나누면서 세상을 바라보는 관점이 얼마나 다양할 수 있는지를 깨닫게 되었습니다. 같은 책을 읽고도 전혀 다른 해석을 내놓는 게 신기했습니다. 회사에서는 느낄 수 없는 생각의 차이에 처음에는 당황스럽기도 했지만, 점차 이런 다양성이 저에게 새로운 자극이 되었습니다. 같은 사회 현상을 두고도 완전히 다른 시각에서 접근해 볼 수 있는 기회를 얻게 되었습니다.

특히 인상 깊었던 것은 문제 해결 방식이었습니다. 회사에서는 보통 효율성과 결과 중심으로 문제를 해결하려고 하는데, 다른 업종에 있는 분들은 전혀 다른 접근법을 보여 주었습니다. 어떤 분은 과정 자체를 중요하게 여겼고, 또 어떤 분은 참여자와의 관계 맺기와 소통을 최우선으로 생각했습니다. 이런 다양한 관점이 문제 해결에 새로운 아이디어를 주었습니다.

실제로 팀원들과의 관계에서도 변화가 있었습니다. 예전에는 업무적인 대화가 주를 이뤘다면, 이제는 좀 더 인간적인 대화도 나눌 수 있게 되었습니다. 다양한 경험과 관점을 가지게 되니, 팀원의 입장도 더 잘 이해하게 되고 의사소통도 훨씬 원활해졌습니다. 결국 이것이 팀 전체의 분위기를 좋게 만들고, 업무 효율성에도 긍정적인 영향을 미쳤습니다.

회사 생활을 하다 보면, 회사 외의 별도 모임이나 활동이 결코 쉬운 일이 아님을 느낍니다. 하지만 투자라고 생각할 필요가 있습니다. 가능하다면 자신과 다른 업종이나 환경에 있는 사람들과 교류해보길 권합니다. 독서 모임도 좋고, 운동 동호회, 봉사 활동, 취미 활동 등도 좋습니다. 어떤 것이든 상관없습니다.

리더의 역할 중 하나는 팀에게 "긍정적인 에너지"를 전달하는 것입니다. 에너지는 다양한 경험과 균형 잡힌 사고에서 나옵니다. 회사 일에만 매몰되어 있으면 쉽게 지치고 스트레스 또한 많이 받게 되지만, 업무 외 다른 활동을 통해 다른 세상을 경험하면 정신적으로 여유가 생기고 더 넓은 시각으로 문제를 바라볼 수 있게 됩니다.

김 코치의 실천 한 마디

회사 밖 세상과의 연결은 리더의 '창의성 충전소'입니다. 매주 한 시간이라도 나와 다른 환경에 있는 사람들을 만나보세요. 독서 모임이 부담스럽다면, 동네 카페에서 다른 업종의 사람들과 간단한 대화를 시작해도 됩니다. 중요한 것은 사고의 틀을 깨는 경험을 하는 것입니다. 매일 오가는 출퇴근 길을 달리하는 것도 작은 실천입니다. 주변 사람들, 풍광, 작은 잡초의 꽃까지 새로운 경험으로 다가올 것입니다.

결핍을 인정하고 채워가는 것

안승호

주말이나 휴일에 조용한 산책길을 걸으며 풍경을 찍고 떠오르는 생각을 메모하는 시간은 저에게 단순한 휴식이 아닙니다. 그 순간은 내면을 들여다보는 "사색"의 시간입니다. 사색은 평소에는 바쁘게 몰입하느라 잘 보이지 않던 나의 빈틈과 부족함을 드러내는 거울이며, 내가 지금 어디쯤 와 있는지를 점검하는 시간입니다.

사색을 통해 우리는 스스로에게 질문해야 합니다. '지금의 내 결정은 충분히 깊이 있는가?', '나는 조급함에 휘둘리고 있지는 않은가?', '조직의 변화에 유연하게 대응하고 있는가?'. 이러한 질문을 반복하다 보면, 일상 속에서는 잘 드러나지 않던 내면의 목소리가 들리기 시작합니다. 그러면 내가 채워야 할 부분, 결핍이 자연스럽게 드러나기 마련입니다. 이렇게 찾은 결핍은 부끄러운 약점이 아니라 성장의 출발점입니다.

저 역시 과거에는 흔들리지 않는 확신이 리더의 조건이라 믿었습니다. 그러나 사색을 거듭하며 알게 된 것은 결핍을 인정하는 태도와 그 다음의 변화를 받아들이는 자세가 더 중요하다는 것입니다. 완벽하게 고정된 생각은 새로운 도전을 막지만, 결핍을 솔직히 인정하면 사고가 유연해집니다. 그리고 유연함은 조직을 더 큰 가능성으로 이끕니다.

리더십은 사색을 통한 결핍의 발견, 그리고 결핍을 인정하고 채워가는 과정에서 자랍니다. 내면에 쌓인 경험과 지식이 실제 행동으로 옮겨질 수 있는 에너지도 결핍을 자각하는 순간에 만들어집니다.

후배 리더들에게 감히 말씀드리고 싶습니다. 바쁘다는 이유로 사색을 미루지 마십시오. 사색은 휴식이 아니라, 리더로서의 성장을 위한 성찰의 훈련입니다. 사색을 통해 스스로의 결핍을 발견하고, 성장의 발판으로 삼으십시오. 그럴 때 일상은 비일상이 되고, 리더십은 한층 더 깊어집니다.

매일 10분이라도 스마트폰을 내려놓고 자신만의 사색 시간을 만들어보세요. 산책하며 떠오르는 생각들을 메모하고, 그 순간의 감정을 기록해보세요. 이런 작은 습관이 쌓여 결국 조직을 이끄는 큰 힘이 됩니다. 완벽한 리더가 되려 하지 마시고, 성찰하는 리더가 되시기 바랍니다. 리더십은 바깥으로 향하는 영향력이기 전에 안으로 향하는 성찰력이어야 합니다.

리더의 마음 그릇 키우기

안승호

서강대 최진석 교수의 오프라인 강의를 들은 적이 있습니다. "마음이 큰 사람은 그 마음이 쉽게 차지 않는다. 그러나 마음이 작은 사람은 그 마음이 일찍 차니 그 마음을 지키려 한다."

여기서 마음을 지킨다는 말의 의미를 저는 경계를 세우고 타인의 생각을 받아들이지 않는 것으로 해석합니다. 당연한 얘기겠지만, 리더는 내 걸 지키려고 벽을 세우는 마음을 갖기보다, 누구나 들어올 수 있고 나갈 수 있는 마음을 가져야 합니다.

마음을 '그릇'이라고 생각해보면 좀 더 쉽게 이해가 쉽습니다. 마음은 그 사람만의 이야기와 철학이 깃든, 지나온 경험이 한 줄씩 새겨진 그릇입니다. 물레를 돌려 그릇을 빚듯, 한낱 진흙일 뿐인 흙덩이를 손끝으로 어루만지기 시작하면 멋진 그릇이 됩니다. 그리고 만들어진 그릇의 모양에 따라 담기는 내용물의 모양도 바뀝니다. 마치 입을 통해 말이 되고, 손과 발을 통해 행동이 되는 것과 같습니다. 그래서 리더는 자신의 마음을 그릇이라고 생각하고, 잘 다듬고 키워야 합니다. 그래야 올바른 말과 행동을 할 수 있습니다.

그렇다면 자신의 그릇을 살피는 가장 좋은 방법은 무엇일까요? 가장 간단하게는 학습을 통해 자신의 부족함을 인지하는 것입니다. 저는 이를 위해 직접적이든 간접적이든 "독서"의 습관을 갖추는 것이 가장 좋다고 생각합니다. 현재의 자신을 부정하지 않으면서도 지식이나 행동의 부족함을 깨닫는 방법이기 때문입니다.

최근 접했던 글이 하나 있습니다.

"글로벌 기업 CEO 중에는 인문학에 조예가 깊은 분들이 많다. 흥미롭게도 이런 CEO가 더 높은 매출을 기록한다는 연구 결과가 있다. 왜 그럴까? 이들은 책을 습관적으로 읽으며 자신을 객관적으로 바라보고 부족한 점을 인정하고 채우려 노력한다. 결국 인문학적 소양이 깊다는 건 사

  리더의 학습과 멘탈 관리

람의 마음을 이해하는 능력이 뛰어나다는 뜻이다. 그리고 그 마음을 움직일 줄 안다는 의미이기도 하다.”

“문학을 읽는 것은 공감 능력을 기르는 기계다”라는 말을 한 CEO도 있습니다. 소설책을 읽는 것이 고객을 이해하고, 같이 일하는 사람을 이해하는 데 도움이 된다는 것을 강조한 말입니다.

최근 주변 리더들을 보면 독서에 어려움을 겪는 경우를 종종 봅니다. “저는 난독증이 있어서 책 읽는 것이 어려워요”, “눈이 침침해서 집중이 잘 안 돼요”, “독서 습관이 배어있지 않아요”. 그러나 책을 읽는 것은 자신을 보살피는 도구이자 구성원의 정체성을 찾아주는 도구입니다.

고전, 자기계발서, 예술 서적 등 다양한 분야의 책을 편식하지 않고 읽어야 합니다. 다방면의 독서는 세계관을 넓히고 사람을 이해하는 데 도움을 줍니다. 호연지기(浩然之氣, 굽히지 않고 흔들림이 없는 크고 넓은 도덕적인 용기)가 길러지고, 사람을 대하는 그릇이 커집니다. 즉 생각의 포용력이 커집니다.

리더가 학습하지 않으면 자신의 신념에 갇히거나, 경직된 기술을 역량으로 오해하고 구성원의 사고를 제한하려 합니다. 또한 사고의 테두리를 허무는 질문도 잘 하지 못합니다. 한마디로 자기 성찰이 안 됩니다.

독서와 함께 스스로 시간을 정해놓고 오롯이 자신과 마주하는 "묵상"의 시간을 갖는 것 또한 추천합니다. 저는 매일 아침 묵상하는 시간을 갖습니다. 입사 때부터 지금까지 지켜온 루틴입니다.

다소곳이 앉아 골똘히 생각한다는 것은 스스로를 의자에 묶어 정결한 생각을 갖추도록 하는 의식과 같습니다. 이 과정이 저에게는 성찰의 시간입니다. 사색이 움직임을 통해 자신을 돌아보는 것이라면, 묵상은 가만히 앉아서 내면의 소리를 듣는 방법입니다.

현업으로 바쁘고 시간이 없는 것이 리더의 현실입니다. 그럼에도 여러분의 공간을 만들고 그곳에서 자신을 올곧게 바라보는 시간을 가지세요. 책을 읽으면서 자신의 마음 그릇을 매만지세요. 그런 다음 맑은 차 한 잔을 따르고 향을 깊이 음미한 뒤 묵상을 해보세요. 한 모금 머금으며 세상을 맑은 눈으로 바라보세요.

김 코치의 실천 한 마디

성찰을 위한 시간과 공간을 별도로 마련하는 게 좋습니다. '여유 생기면 해야지'하는 마음으로는 기회를 만들기 어렵습니다. 마치 '돈이 남으면 저축해야지'라는 생각과 비슷합니다. 최고 수준의 중요성을 부여하고 따로 시간과 공간을 마련합니다. 내가 주도성을 발휘할 수 있는 이른 아침이 좋습니다. 그리고 나의 일상에서 멀지 않은 공간이 바람직합니다. 매일은 아니더라도 출근길에 일찍 문을 연 카페를 찾아봅니다. 차 한잔과 함께 30분 독서와 묵상을 권장합니다.

1993년 울산행 고속버스

조재순

1993년 1월 어느 새벽, 서울에서 울산행 고속버스에 몸을 맡겼습니다. 창밖의 여명을 보며 수많은 생각에 빠졌습니다. '과연 내가 잘할 수 있을까?', '새로운 환경에서 어떻게 적응해야 할까?', '동료와는 어떤 관계를 맺어야 할까?'. 여러 질문이 머리를 떠나지 않았습니다.

그때의 저는 겸손했습니다. 모든 것이 새롭고 배워야 할 것투성이었기에 무엇하나 놓치지 않고 귀를 기울였습니다. 그리고 실수를 두려워하면서도 도전에 대한 설렘으로 가슴이 뛰었습니다. 바로 "초심"이었습니다. 특히, 내가 만든 기술로 사람의 생명을 지키겠다는 마음은 지금까지도 직장 생활의 원동력이자, 삶의 원동력으로 깊게 자리하고 있습니다.

30여 년이 지난 지금, 신입사원과의 면담에서도, 새로 보직을 맡는 파트장이나 팀장들과 대화에서도, 늘 저의 초심을 들려줍니다. 처음 출근하던 고속버스에서 무슨 생각을 했고, 그 생각이 어떻게 지금까지 이어지고 있는지를 얘기합니다.

초심을 잃지 않고 업무에 임한다는 것은 그저 이상적인 말에 불과한 것이 아닙니다. 반복되는 일상 속에서도 내가 맡은 일이 얼마나 가치 있는지를 되새기며, 위기 상황에서도 중심을 잃지 않도록 도와주는 등불의 역할을 합니다.

경험이 쌓일수록 우리는 자신도 모르게 '이미 안다'고 생각합니다. 하지만 초심을 잃지 않은 리더는 여전히 배울 것이 많다고 생각합니다. 바뀌는 환경에서도 새로운 것을 받아들이고, 후배들로부터도 기꺼이 배우려 합니다. 초심을 기억하는 리더는 신입사원의 마음도 잘 이해합니다. 고속버스에서의 떨리던 마음을 잊지 않고 있다면, 그때의 내 마음이나 지금의 후배들 마음이나 서로 다르지 않다는 것도 잘 압니다. 나아가 처음 팀장이 된 후배들 마음에도 공감할 수 있습니다.

처음의 간절함을 기억하는 사람은 현재 가진 것의 소중함을 압니다. 작은 성과에도 진심으로 기뻐할 줄 알고, 함께 일하는 동료에게도 진심으로 감사해 할 줄 압니다. 이러한 마음이 조직을 긍정적인 분위기로 이끌어 갑니다.

멘탈이 흔들릴 때도 초심은 강한 힘을 발휘합니다. 내가 원래 무엇을 하려고 했지, 이렇게 돌아보는 것만으로도 자세를 고쳐잡고 어떻게 헤쳐나갈지 깨닫게 됩니다. 힘들 때마다 멘탈이 무너질 때마다 초심을 떠올려야 하는 이유입니다.

하지만 초심을 지킨다는 것은 결코 쉬운 일만은 아닙니다. 성공을 거듭하고 경험이 쌓이면 교만해지기 쉽고, 루틴에 빠져 새로운 것에 둔감해지기 때문입니다. 그럴 때면, 저는 울산으로 향하던 고속버스의 그때 그 자리로 돌아가 봅니다.

리더십의 가장 큰 힘은 화려한 기법이나 권위에서 나오는 것이 아닙니다. 진정성에서 나옵니다. 그리고 진정성 저 이레에는 초심이 자리하고 있습니다. 1993년 새벽 고속버스에서 품었던 마음(초심)을 다시 떠올립니다. 여러분의 초심은 무엇이었나요?

　　　　　　　　　리더의 학습과 멘탈 관리

초심은 단순히 과거의 기억이 아니라 미래로 나아가게 하는 각성제 역할을 합니다. 아마도 첫 출근하는 사람은 누구나 빨리 배우려 하고, 여러 것들에 관심을 갖고, 사람들과 함께 호흡하고자 했을 겁니다. 끊임없는 학습, 호기심 유지, 공감 확대 등은 신입 직원뿐만이 아니라 리더에게도 필수적인 마음가짐입니다. 초심을 떠올릴 수 있는 나만의 장치를 곁에 두는 것을 추천합니다. 초심과 관련 있는 작은 소품을 책상 위에 두거나 컴퓨터 바탕 화면에 보이게 하는 식입니다.

리더에게 필요한 덕목

—

리더에게 필요한 덕목

그림자

시원한 그늘일지, 빛을 막는 장애물일지

안승호

미국 파견 근무 당시, 가족과 함께 조슈아 국립공원을 방문했을 때의 일입니다. 강렬한 햇빛을 받은 조슈아 나무(하늘을 향해 팔을 뻗은 Joshua(여호수아)같다고 하여 붙여진 이름의 나무)의 그림자가 바위 위로 길게 드리워져 있는 풍경이 눈앞에 들어오는 순간, 문득 깨달은 것이 있습니다. 같은 그림자라도 누군가에게는 편안한 안식처가 되겠지만, 다른 누군가에게는 성장을 가로막는 장애물이 될 수도 있다는 것을요.

리더의 존재가 바로 이와 같습니다. 구성원들은 리더의 말과 행동 하나하나를 예민하게 받아들입니다. 리더의 말

한마디가 그리고 작은 행동 하나가 후배들에게는 안식처가 되었다 비수가 되었다 합니다. 그래서 리더는 늘 조심해야 합니다.

저는 고등학교 윤리 교과서에서 만난 '신독(愼獨)'이라는 글귀를 유독 좋아합니다. '혼자 있을 때조차 도리에 어긋남 없이 스스로를 절제하는 행위'를 뜻하는 말입니다. 아무도 보지 않는 순간에도 자신의 말과 행동을 다스려야 한다는 뜻을 가지고 있습니다.

저에게는 매일 아침 현관문을 나서며 시작하는 의례가 있습니다. 옷매무시를 단정히 하고 머리카락을 정갈하게 다듬는 일입니다. 구성원들과 하루의 시작을 함께하는 첫 인상이 중요하기 때문입니다. 이는 부모님이 어릴 적부터 늘 강조하셨던 가르침입니다. 그리고 입사 때부터 지금까지 출퇴근 버스에 앉은 다음 머리를 의자 등받이에 기댄 적이 없습니다. 머리카락이 흐트러질까 염려해서입니다. 다소 완고해 보일 수 있지만, 자신을 제대로 가꿀 줄 아는 사람만이 모든 이에게 신뢰를 줄 수 있다고 생각합니다.

1990년대 중반 군 복무 시절의 직속상관이 떠오릅니다. 그가 늘 강조했던 말이 있었습니다. "부하들로부터 자발적 충성을 이끌어내고 유사시 군의 존재목적을 다하려면 상호 신뢰가 바탕이 되어야 한다. 신뢰를 쌓기 위해선 리더의 언행이 일치해야 한다.”

실제로 그분은 몸에 밴 습관으로 언행일치를 실천했습니다. 주어진 권리를 당연하게 여기지 않고, 지휘관용 지프차 대신 자전거로 출퇴근하고, 지휘관 활동비를 아껴 부하들에게 간식을 돌렸습니다. 군복도 개인적으로 맞춤해서 입는 것 대신 군에서 지급하는 것만 착용했습니다. 매일 거울을 보며 스스로를 확인하듯, 병사들이 매일 자신을 들여다본다고 생각했습니다.

미국 파견근무 시절 한 임원분의 모습도 인상 깊게 남아 있습니다. 그분은 주재원들과 식사할 때면 음식값은 법인카드로 결제하면서도 서비스 팁만큼은 꼭 개인 돈으로 냈습니다. 팁은 다소 주관적 판단이 개입되는 것인 만큼 법인카드로 사용하기에는 맞지 않다고 판단한 것 같았습니다.

이처럼 리더라면 자신의 말과 행동에 명확한 기준을 세워야 합니다. 하지만 때로는 흐트러지고 싶은 마음도 생기고, 슬쩍 눈 감고 싶은 일도 생깁니다. 긴장감이 느슨해지는 순간 다른 행동을 할 핑계를 찾아내며 스스로를 합리화하기도 합니다. 그러지 않기 위해서는 자기 자신과의 약속을 지키고자 리더는 끝없는 싸움을 벌입니다.

리더로 선택받았다는 것은 분명 뛰어난 업무 역량을 인정받았다는 증표입니다. 하지만 이것이 신뢰 형성을 담보하는 것은 아닙니다. 자기 자신을 어떻게 관리하고, 구성원들에게 어떤 모습을 보일지 생각하는 것에서 신뢰가 시작됩니다.

리더의 그림자는 리더의 선택입니다. 시원한 그늘이 될지, 햇빛을 차단해 성장을 가로막는 장애물이 될지, 그 선택은 오늘의 작은 행동 하나에서 결정됩니다.

김 코치의 실천 한 마디

최근 리더의 자기인식과 더불어 자기조절의 중요성이 부각됩니다. 일관된 행동과 함께 내재화된 도덕적 마인드가 신뢰 형성에 필수이기 때문입니다. 물론 처음부터 한 번에 신뢰가 만들어지지는 않습니다. 완벽한 자기조절의 마음가짐도 하루 아침에 형성되지는 않습니다. 우선 작은 실천부터 해보세요. 처음에는 부자연스럽고, 멋쩍고, 쑥스러워도 빈복되는 작은 행동이 습관을 만들고, 일관된 마인드를 만듭니다.

 리더에게 필요한 덕목

정직

불편한 진실을 공유하다

윤태종

좋은 리더가 되기 위해 무엇이 필요할까요? 일반적으로 많은 분이 전략적 사고, 뛰어난 의사결정력, 효과적인 소통 능력 등을 먼저 떠올립니다. 물론 그런 것도 맞지만, 저는 더 중요한 역량이 있다고 생각합니다. 그것은 "정직함"입니다.

어쩌면 너무 당연한 것 같은데, 직장 생활에서는 이 단순한 원칙을 지키기가 쉽지 않음을 자주 체감합니다. 과거에 이런 일이 있었습니다. 서로 마음이 맞지 않은 두 상사 사이에서, 제가 좀 더 마음을 두고 있던 상사 쪽으로 정보를 주고, 보고서 역시 유리하도록 작성한 일이 있었습니다. 반대편의 상사에게는 정보를 감추고서 말입니다. 순간적으로 제게 유리한 방향으로 상황을 이끌고 싶었고, 불이익이나 책임을 피하고 싶었습니다. 하지만 선택의 결과는 생각 이상으로 무거웠습니다.

시간이 지나며 알게 된 것은 제가 숨기려 했던 정보를 이미 반대편의 상사는 다 알고 있었다는 사실입니다. 결과적으로는 아무 일 없이 지나갔지만, 이후 그분과 저와의 관계 온도는 확실히 달라졌습니다.

이 경험을 통해 제가 배운 것은 진실을 말하는 불편함이 거짓이나 은폐 탓에 발생하는 후폭풍보다 훨씬 더 낫다는 것입니다. 처음부터 있는 그대로 이야기했다면, 다소 처음에는 껄끄럽더라도 장기적으로 서로를 이해하며 신뢰하는 사이가 되었을 것입니다.

정직함은 단순히 거짓말을 하지 않는 것이 아닙니다. 불편한 사실이라도 회사와 동료에게 투명하게 공유하는 적극적인 태도입니다. 이 자세는 단기적으로는 불이익처럼 보일 수 있지만, 시간이 지날수록 '신뢰'라는 큰 자산을 만듭니다.

동료들이 '이 분 말은 믿을 수 있다'라고 느낄 때, 비로소 리더십이 작동합니다. 반대로 단 한 번이라도 정보를 왜곡

하거나 감췄다는 인식이 생기면, 그 이후에는 모든 말과 행동에 의심이 따라붙습니다.

한 사람의 정직함은 조직 전체의 문화를 바꿀 수도 있습니다. 리더가 솔직하고 투명하게 소통할 때, 구성원들 또한 열린 마음으로 의견을 나눕니다. 그러면 실수를 숨기지 않고 빠르게 공유하고 함께 해결책을 찾는 문화가 만들어집니다. 이런 환경에서는 어떤 문제가 생기더라도 조기에 발견되고, 집단지성을 통해 해법을 찾기 마련입니다. 반대로 불편한 진실을 피하는 분위기에서는 작은 문제가 감춰졌다가 더 큰 위기를 부르기도 합니다.

정직한 직장인이 되기 위한 시작은 일상의 작은 실천에서부터입니다. 회의에서의 솔직한 의견 제시, 실수에 대한 인정과 개선안 공유, 힘든 상황일수록 사실 그대로를 전하는 태도 그리고 개인의 이익보다 조직의 가치를 우선시하는 마음가짐. 이런 선택이 모여 신뢰를 만들고 건강한 조직의 기초를 다집니다. 리더는 이같은 문화를 만드는 선봉장이 되어야 합니다.

정직함은 선택이 아니라 필수입니다. 정직함은 리더십의 시작이자, 지속 가능한 성장의 토대입니다. 의사결정 전에 스스로에게 부끄러울 일은 없는지 그리고 당당한지, 꼭 되짚어 보았으면 합니다.

김 코치의 실천 한 마디

바쁜 일상에서 조기에 성과를 달성해야 할 리더는 딜레마에 빠집니다. '이번 한 번만 눈 감으면 어떨까?'라는 유혹이 찾아옵니다. 나에게만 좋은 것이 아니라 모두에게도 좋은 것이야, 라는 생각도 듭니다. 이럴 때는 다음과 같은 질문을 스스로에게 해 볼 필요가 있습니다. "내가 이 선택을 한다면, 구성원에게 당당히 설명할 수 있을까?" 흔들리지 않고 답할 수 있다면 올바른 길을 가고 있는 것입니다.

 리더에게 필요한 덕목

겸손

'정확한 답변'이라는 게 있을까?

안승호

"안 박사님께 연락드릴 때마다 항상 부담 없이 맞아주셔서 정말 감사합니다."

요즘 사람들이 만나면 자연스럽게 물어보는 것이 MBTI이라고 합니다. 저의 MBTI는 ISFJ(임금 뒤편의 권력형 - 실용적인 조력가)입니다. 적극적으로 사람들에게 다가가 말을 거는 타입은 아니지만, 한번 맺은 인연은 오래 이어가려고 합니다. 그리고 가벼운 스몰토킹을 즐기지는 않지만, 사람들을 만날 때 진지하게 경청하고 잘 공감해 주는 편입니다. 때가 되면 안부를 묻는 것 또한 잊지 않습니다. 그래서 통화할 때마다 늘 듣는 말이 '변함이 없다'입니다.

저는 제 성향을 "겸손함"과 유사하다고 생각합니다. 겸손함은 자신감의 결여가 아니라, 내가 항상 옳지 않을 수 있다는 생각입니다. 완벽하지 않고, 정답을 가지고 있지 않으며, 실수할 수도 있고, 도움이 필요할 때도 많다고 인정하는 것입니다.

제가 모셨던 본부장님이 이런 말씀을 한 적이 있습니다. "업무 성과가 좋을 때는 창 밖을 내다보며 구성원들의 수고를 기억해야 하고, 구성원들이 어려워하거나 힘들어할 때는 자신(리더)의 마음을 돌아봐야 한다."

이 말은 리더가 가진 '창(Window)'이 무엇인지 생각하게 하는 말입니다. 동시에 리더가 가져야 하는 마음속 가이드이기도 합니다.

조직에는 성과를 취합하는 조직과 일종의 밑작업을 실행하는 조직이 있습니다. 즉 열매를 따는 조직과 씨를 뿌리는 조직이 있습니다. 열매를 따는 조직이 성과를 드러내기가 더 쉬울 수 있으나, 씨를 뿌리는 조직의 수고를 잊어서는 안 됩니다. 이들을 챙기고 같이 대가를 받도록 해야, 조직은 유기체로서 안정감을 가집니다. 그리고 서로를 향한 강한 유대감이 만들어집니다. 그렇지 않고 한쪽으로 편중되게 쏠리는 성과 보상이 일어난다면, 불만과 불신이 쌓여

반목하는 일이 생깁니다. 누구에게나 자기 일을 통해 존재의 가치를 인정받고 싶어합니다. 그런데 그렇지 않고, 자신의 수고를 인정받지 못하거나 헛되게 비춰질 경우, 더 이상 새로운 프로젝트 같은 것에서 협력의 분위기를 만들 수 없습니다.

현대자동차를 나간 후 다른 나라의 기업으로 이직한 전직 임원분을 만나 커피 한 잔을 한 적이 있습니다. 그분은 새로운 조직에 적응하기 위해 "갖고 있는 부족한 경험과 기술을 몇 달 만에 쏟아낸 것 같다"라고 말했습니다. 저는 그분이 얘기한 '갖고 있는 부족한 경험과 기술'이 매우 겸손한 표현이라고 생각합니다. 누구보다 뛰어난 실력을 갖춘 분임을 알기 때문입니다. 아마도 그분은 짧은 기간 동안 엄청나게 몰입하며 일했을 거고, 그의 겸손한 자세와 태도는 그곳 사람들에게 신뢰를 주는 중요한 역할을 했을 것입니다. 그분을 보면서 한 번 더 생각했습니다. 똑똑한 리더들이 가장 조심해야 할 부분은 자신의 능력만이 최고라고 생각하는 것임을.

우리가 자주 하는 대화 중에 이런 것이 있습니다. "정확한 답변을 해 보시죠", "정확한 답변이 될지 모르겠습니다". 우리 안에 익숙해져 버린 고정된 대화 프레임입니다.

우리가 의견을 나누고 모으는 과정에서 '정확한 답변'이란 것이 있을까요? '정확한'이란 말을 던지는 순간 완벽한 사람만 묻고 답할 수 있다는 프레임이 만들어집니다.

똑똑함 대신 겸손함을 생각해볼 차례입니다. 마지막으로 미국의 작가이자 리더십 전문가인 존 맥스웰의 말로 이 글을 마치고자 합니다.

"겸손한 리더는 다른 사람을 높이고, 그들의 잠재력을 발휘하도록 도와준다. 그는 자신이 아닌 다른 사람이 성공하도록 하는 데 집중한다."

김 코치의 실천 한 마디

간혹 겸손한 사람을 '능력이 부족한 사람', '만만한 사람' 정도로 취급하는 리더가 있습니다. 그런 경향을 가진 리더는 자신이 항상 옳다는 생각으로 소통을 시작합니다. 하지만 오히려 겸손해야 할 사람은 바로 리더 자신입니다. 리더는 구성원이 옳은 의견을 갖도록 조력하는 사람입니다. 잠시 나를 낮추고 생각을 구하면, 주변 사람들은 안전감을 갖고 말합니다. 마치 물은 낮은 곳으로 모이듯 말입니다.

 리더에게 필요한 덕목

인간에 대한 이해, 사회에 대한 통찰

이상민

팀원으로 일할 때는 주어진 업무를 잘 해내는 것이 주된 관심사였습니다. 하지만 리더가 되고 나니 내가 내린 결정이 팀 전체의 방향을 좌우하고 구성원들의 업무 동기와 성장에 직접적인 영향을 미친다는 사실을 알게 되었습니다. 특히 경험해보지 못한 새로운 상황이나 불확실한 변수가 많은 문제에서는 저의 선택이 모두에게 영향을 미칠 수 있었습니다.

합리적인 판단과 최고의 선택을 할 수 있는 리더는 어떤 사람일까요? 제 생각으로는 단순히 똑똑한 사람이 아니라, 정보와 상황을 통찰하며 도덕성과 인간에 대한 이해를 갖춘 "지혜로운 리더"라고 생각합니다.

지혜로운 리더는 편견이나 선입견에 치우치지 않고 질문을 통해 정보를 객관적으로 분석하는 능력, 방대한 정보 속에서 핵심을 선별하고 이를 해석해서 인사이트를 도출하는 능력, 조직과 팀과 외부 환경을 종합하여 적시에 최적의 결정을 내리는 의사결정 능력, 맥락을 읽고 공감하며 계획과 실행 사이의 간극까지 고려하는 상황 판단 능력, 상대방 입장에서 이해하고 갈등을 조율하는 공감과 소통 능력을 갖춘 리더입니다. 근데, 말만 들어서는 거의 완벽에 가까운 사람 같습니다.

그러면, 완벽까지는 아니더라도 조금이라도 완벽에 가까워지기 위해서는 무엇을 해야 할까요? 여러가지가 있겠지만, 저는 가장 좋은 방법으로 "독서"를 추천하고 싶습니다.

리더가 되고 나서 처음에는 리더십과 관련된 책들을 주로 읽었습니다. 하지만 리더십에 필요한 관리 능력과 스킬 향상만으로는 부족함이 많다고 느꼈습니다. 그렇게 해서는 진짜 내 사람을 품을 넓은 가슴이 길러지지 않는다고 생각했습니다. 그때부터 자연스럽게 사람에 대한 이해, 세상에 대한 이해를 구하게 되었습니다. 그 결과 심리학, 경제학, 철학, 역사학 등 다양한 분야로 독서를 시작했습니다.

　　　　　　　　　　　　　　　리더에게 필요한 덕목

여러 분야의 독서를 통해 얻게 된 가장 큰 변화는 문제를 바라보는 관점이 풍부해졌다는 것입니다. 여러 기업인의 일대기를 다룬 책을 통해서는 리더십 도서가 알려주지 못한 코칭과 리딩, 동기부여의 방법을 배울 수 있었고, 빅데이터나 AI 등의 최신 기술 서적을 통해서는 바뀌는 환경에 맞춰 조직의 변화 과정을 머릿속으로 그려보고, 이를 구성원들에게 어떻게 설명할지를 고민하게 되었습니다. 심리학 서적은 다양한 성격을 갖고 있는 팀원을 이해하는 기반을 만들어주었습니다. 철학과 인문학, 일반 과학 서적은 세상의 변화와 함께 그 속에서 살고 있는 사람의 욕구와 욕망을 읽는 방법을 알려주었습니다.

물론 독서만으로 모든 문제가 해결되는 것은 아닙니다. 하지만 책을 통해 쌓은 지적 자산은 예상치 못한 순간에 빛을 발하며, 어려운 결정을 내려야 할 때 든든한 버팀목이 되어줍니다. 특히 리더십이라는 것이 사람과 조직을 다루는 일이기 때문에, 독서를 통해 얻는 인간에 대한 이해와 사회에 대한 통찰은 매우 중요합니다.

동료와 후배 리더들에게 꼭 하고 싶은 이야기는 바쁜 일상이지만 독서를 위한 시간을 의도적으로 만들어보라는 것입니다. 책이라는 것이 당장은 업무와 연관성도 없고 직접적인 도움도 주지 못할 것으로 생각하겠지만, 독서로 얻게 되는 새로운 관점과 사고의 틀은 중요한 판단을 해야 하는 어느 순간에 나에게 현명함을 선물해줍니다.

다양한 분야의 책 읽기를 권장합니다. 리더의 가장 확실한 성장 투자가 독서입니다.

김 코치의 실천 한 마디

뿌리가 깊은 나무가 비바람과 가뭄에도 잘 견디듯 독서 생활 역시 기본이 탄탄해야 합니다. 실무에 바로 적용할 수 있는 실용서 위주의 독서와 함께 다양한 분야의 도서를 접하는 게 필요합니다. 부지불식 간에 우리 뇌에서 연결의 힘이 작용하여 새로운 아이디어 도출이 가능해지기 때문입니다. 이를 위해 읽고 있는 책에서 언급하는 또 다른 책, 각주에 언급된 원 소스를 찾아보길 권합니다. 저자의 시각을 근본적으로 탐색할 수 있을 뿐만이 아니라 나만의 사고 체계를 구축하는데도 큰 도움을 얻을 수 있습니다.

진정성

"팀장님 예전보다 훨씬 따뜻해지셨어요."

이상민

25년 전, 첫 직장에 발을 내디뎠을 당시 기업의 조직 문화는 철저히 수직적이었습니다. 상사의 말은 절대적 명령이었고, 이유를 묻는 것은 상상도 할 수 없었습니다. 구성원의 감정이나 복지는 뒷전이었으며, 오직 성과와 결과만이 가치 판단의 유일한 잣대였습니다. 오랜 시간 이런 환경에서 일하다 보니 저 역시 자연스레 그 문화에 물들어갈 수밖에 없었습니다.

어느덧 저도 딱딱한 지시를 내리고, 침묵이 흐르는 회의 속에서 질타만 퍼붓고 성과만을 좇는 '감정 없는 리더'가 되었습니다. 팀원들의 개인적인 고충은 외면했고, 때로는 강압적인 태도로 다그쳤습니다. 지금도 저의 일방적인 소통 방식이 남긴 상처가 선명히 떠오릅니다.

"진심으로 미안합니다."

이제 조직은 변하고 있습니다. 새로운 세대는 일방적인 지시에 순응하지 않습니다. 그리고 일과 삶의 균형, 개인의 감정을 중시합니다. 회사도 리더십 교육과 조직문화 개선 프로그램을 도입하며 변화를 꾀하고 있습니다. 이제는 확실히 알게 된 것 같습니다. 팀원은 단순한 '성과 도구'가 아니라, 각자의 꿈과 행복을 품은 '소중한 존재'라는 것을요.

저는 변화를 시도중입니다. 지시 대신 대화를, 성과와 실적 대신 의미와 가치를 공유하려 합니다. 팀원들의 행복과 성장을 진심으로 응원하며, 그들의 이야기에 귀 기울이려 합니다.

어느 날, 과묵하던 팀원 하나가 조심스레 다가와 말했습니다. "팀장님, 예전보다 훨씬 따뜻해지셨어요. 요즘은 출근이 즐겁습니다."

이제 우리 팀은 활기찬 에너지로 가득합니다. 그 결과, 놀라운 변화가 일어나고 있습니다. 협업은 자연스러워졌고, 업무 만족도는 높아지고, 조직에 대한 애착도 눈에 띄게 좋아졌습니다. 더욱 놀라운 것은, 인간적인 소통이 늘자 성

　　　　　　　　　리더에게 필요한 덕목

과도 함께 좋아졌다는 점입니다. 이제는 성과나 실적을 강조하는 것보다 더 중요한 것은 '사람'이고, 리더인 내가 먼저 변해야 조직이 진짜로 바뀐다는 것을 확신합니다.

제가 다른 부서로 자리를 옮긴 후에도, 우리 팀은 자율적이고 건강한 조직문화를 이어갈 것입니다. 상호 존중과 사람 중심의 리더십이 단단한 뿌리를 내렸기 때문입니다. 이곳에서 성장한 다음 리더들은 조직의 건강한 문화를 계속해서 만들고 이어갈 것입니다.

동료 리더들에게 전하고 싶습니다. 진정한 리더십은 팀원이 스스로 성장할 수 있는 따뜻한 환경을 만드는 것이며, 그 변화는 나에게서부터 시작된다, 입니다. 사람을 중심에 두는 리더십만이 진정성 있는 조직을 만들 수 있습니다. 여러분도 용기내어 첫걸음을 내디며 보시기 바랍니다.

김 코치의 실천 한 마디

과거는 숙련의 시대였습니다. 빠른 시간 내에 적정한 품질 수준으로 끌어올리는 게 목표였습니다. 따라잡을 타겟도 있었습니다. 하지만 지금은 타겟을 스스로 설정해야 합니다. 과거보다 숙련이 덜 중요해지고, 창의가 그 자리를 대신하고 있습니다. 그래서 리더십도 변해야 합니다. 예전에는 숙련의 노하우를 일방적으로 전수하는 게 중요했다면, 지금은 창발적 환경을 제공하는 것이 더 중요해졌습니다. 월 단위로 '나는 새로운 아이디어를 직원들에게 얼마나 자주 물었나?'를 자문해보길 권장합니다.

"사람이 온다는 것은 실로 어마어마한 일이다."

안승호

어느 날, 한 팀장의 자리가 조용히 정리되었습니다. 팀장 보직에서 물러났기 때문입니다. 그 자리에는 새로운 팀장의 물건이 하나둘 자리 잡기 시작했습니다.

팀장에서 물러나 평직원이 되어, 휴가를 떠난 그분의 빈 책상을 바라보니 마음 한구석이 무거워졌습니다. 아무리 예정된 일이라 해도, 누군가의 흔적이 지워지는 모습을 본다는 것은 결코 마음 편한 일이 아닙니다.

며칠 후, 휴가에서 돌아온 그분과 점심을 같이 했습니다. 식사 자리에서 그분은 평온함을 보여주었습니다. 그동안의 노고에 감사함을 전했습니다. 따뜻한 밥 한 끼 대접하지 못한 것에 대한 미안함을 전했습니다. 비록 다른 부서지만, 오랜 세월 함께 걸어온 동료였기에 그렇게라도 그분의 마음을 어루만져 주고 싶었습니다.

조직에서는 늘 누군가는 떠나고, 누군가는 새로 옵니다. 떠나는 이의 마음을 헤아리며 그동안의 수고를 격려하는 것은 따뜻한 조직의 모습일 텐데, 현실은 그렇지 못할 때가 훨씬 많습니다. 자연스레 사람들 관심은 떠나는 이보다 새로 오는 이에게 향하기 마련입니다.

미국에서 근무할 때의 일이 떠오릅니다. 한 달 남짓 전임 주재원으로부터 업무를 인수받던 시절이었습니다. 업무 인계와 함께 그분이 사용하던 휴대 전화도 넘겨받았습니다. 하지만 공식적인 업무 시작일까지는 전임자에게 충분히 사용하라고 말씀드렸습니다. 떠나는 이에게는 아주 사소한 것조차 마음에 남을 수 있다고 생각했기 때문입니다. 그리고 최대한 예의를 갖추려 노력했습니다. 회의 시간에도 전임자 먼저 발언하도록 배려했고, 후임자로 온 저는 함부로 나서지 않았습니다. 그분의 오랜 노고에 대한 존중을 그렇게라도 표하고 싶었습니다.

언젠가 다른 부서에서 우리 팀으로 오고 싶다는 분과 면담을 한 적이 있습니다. 그분은 저에게 이렇게 말했습니다.

  리더에게 필요한 덕목

"과연 제가 의욕만 가지고서 새로운 일을 해낼 수 있을까요? 자동차 분야는 정말 잘 모르는 데…, 만약 함께 일할 수 있다면 어떤 부분을 미리 준비해야 할까요?"

그분의 걱정스러운 표정을 보며 이렇게 답했습니다. "특별히 준비할 것은 없습니다. 굳이 말씀드린다면 열린 마음만 있으면 됩니다. 그동안 주어진 연구를 수행하고, 다른 분야의 연구 동향을 살피며, 최종적으로 자신만의 연구 철학을 만들어가는 훈련을 받아오셨잖아요. 그 역량이면 충분합니다."

이어서 연구실의 방향성에 대해 설명했습니다. 그리고 더 큰 성장을 위해서는 새로운 활력을 불어넣어 줄 새로운 동반자가 필요하다고 말씀드렸습니다. 우리 연구실에 오겠다고 지원한 분이지만, 거꾸로 와달라고 부탁했습니다.

이리저리 신상이 바뀌는 구성원으로서는 심리적 부담이 없을 수가 없습니다. 변화 자체도 부담스럽지만, 앞으로 어떻게 될지 모르는 불확실성이 더해지기 때문입니다. 그래서 가장 중요하게 생각했던 것은 심리적 안정감과 당신을 존중한다는 마음을 전하는 것이었습니다. 만약 일의 효율성만 생각한다면, 이미 정해진 업무 범위와 성과 목표를 제시하며 '할 수 있느냐, 없느냐'만 물었을 것입니다.

떠나가는 사람, 새롭게 부임하는 사람, 새로운 일을 맡는 사람, 모두에게 필요한 것은 "사람에 대한 온기"입니다. 우리가 원하는 것은 한 사람의 전사가 아닙니다. 가로세로 짜임으로 만들어지는 직물처럼 서로의 부족한 부분을 채우고 새로운 통찰을 나누며 각자의 지식을 전하는 것에 자부심을 가진 동반자입니다.

동반자는 바뀔 수 있습니다. 신구 세대가 바뀌고 롤에 따라 사람이 바뀌듯이 그렇게 변화의 과정을 수반합니다. 그때마다 불편한 감정이 생기는 것은 어쩔 수 없습니다. 리더는 이러한 감정을 잘 보듬는 사람이어야 합니다.

리더십은 거창한 것이 아닙니다. 함께 일하는 사람을 진심으로 존중하고, 그들의 마음을 헤아리는 "온기"를 갖는 것입니다.

사람이 온다는 건
실은 어마어마한 일이다.
그는
그의 과거와
현재와
그리고 그의 미래와 함께 오기 때문이다.

한 사람의 일생이 오기 때문이다.

- 정현종의 시, 〈방문객〉 중에서

김 코치의 실천 한 마디

'아무리 함께 근무했을 때 사이가 좋지 않았더라도, 떠날 때는 훈훈하게'라는 조언을 리더에게 건넵니다. 우리의 인연은 어디에서 어떻게 다시 시작될지 모릅니다. 근무할 당시는 서로를 애먹이던 사이였다 하더라도, 떠날 때 만큼은 격려와 응원을 보내며 좋은 감정으로 헤어져야 합니다. 그래야 조직을 나가서도 도움을 주는 관계가 될 수 있습니다. 그리고 이 장면은 남아있는 사람들에게도 중요한 영향을 미칩니다. 떠나는 사람을 대하는 리더의 모습을 보면서, 우리 조직의 수장이 어떤 사람인지를 가늠합니다. 리더의 행동은 늘 주시받고 있다는 걸 염두에 두면 좋겠습니다.

팀에서 가족으로

이상민

매년 연말이 되면 팀원들이 익명으로 작성하는 리더 평가서를 받아봅니다. 팀원들로부터 받는 솔직하고 진실한 피드백은 저 자신을 더욱 깊이 성찰하고 반성하게 하는 소중한 거울입니다.

모든 일을 멈추고, 조용히 앉아 한 장 한 장을 꼼꼼히 읽다 보면, 진지하게 돌아보는 시간을 가지게 됩니다. 그러면서 스스로에게도 자문해봅니다. '과연 나는 어떤 리더인가?', '만약 내가 팀원의 입장이라면 지금의 나를 진심으로 따르고 싶을까?'. 이 두 질문은 저를 겸손하게 만들고, 끊임없이 돌아보게 하는 동력이 됩니다.

어느 날은 용기를 내어 팀원들 앞에서 그동안 연말 평가를 통해 알게 된 저의 부족한 점과 개선해야 할 부분을 솔직하게 공유했습니다. 완벽하지 않은 리더로서의 저의 모습을 인정하고, 앞으로 더 나은 리더가 되기 위한 구체적인 변화 의지를 진심으로 전했습니다. 무엇보다 각자의 솔직한 생각을 알고 싶다고 고백했습니다. 말로만 하는 선언이 아닌, 실질적인 행동 변화로 그들에게 다가가고자 했습니다.

그런 다음, 대화 자리가 있을 때마다 일 얘기는 물론이고, 팀원 각자의 삶과 개인적인 이야기에도 귀를 기울였습니다. 가족 이야기, 개인적인 취미와 관심사, 아이들의 이름과 나이, 부모님의 안부까지. 아무리 작고 사소해 보이는 것이라도 놓치지 않으려 했습니다. 업무 시간이 끝나 회사 밖을 나서는 순간부터는 직책과 서열을 완전히 내려놓고 친구처럼 편하게 지냈습니다. 함께 식사하며 일상을 나누고, 진심으로 웃고, 때로는 인생의 깊은 고민을 나누고 인생 철학을 이야기했습니다.

그렇게 시간이 흐르면서 우리는 단순히 업무적 관계로만 연결된 '팀'이 아니라, 서로 진심으로 아끼고 사랑하는 '가족'이 되어갔습니다. 그리고 진정한 의미로 마음과 마음이 연결되어 가는 것을 느꼈습니다. 매일 아침 출근길이 즐겁고, 함께 마주 보는 것만으로도 기분이 좋아지며 마음이 따뜻해졌습니다. 서로 눈빛만 마주쳐도 미소가 지어졌고, 별다른 말을 하지 않아도 서로의 마음을 알 정도가 되었습니다.

조직 문화가 많이 바뀌고 개인화되었다고 하지만, 우리 조직은 여전히 가족과 같은 문화와 정서를 그대로 갖고 있습니다. 매니저부터 책임까지 가끔씩 함께 여행하거나 가족 캠핑을 함께 다니며 소중한 추억을 만들어가고 있습니다.

지금의 우리 사회가 개인주의 문화가 강하고, 직장과 개인 생활을 분리하는 경향이 지배적이라서 직장 사람들과 사적으로 유대를 맺는 것에 대해 부정적인 의견을 가진 분들이 많습니다. 하지만 여러 심리학 실험 결과를 보면 가족 같은 분위기로 만들어진 "심리적 안전감"이 학습 속도를 높이고, 문제 해결에 혁신적이라고 합니다(도서 『두려움 없는 조직』 참조). 그리고 가족처럼 조직에 소속되어 있다고 느낄 때 책임감, 몰입, 성과 모두 강화되었다는 보고서도 있습니다(Achievers Workforce Institute의 2021년 보고서).

위의 사례들이 전체 회사, 조직을 대표하는 정서라고 보기는 어렵겠지만, 단순한 경영 기법이나 관리 기술이 아니라 함께 일하는 사람들을 진심으로 대하고 마음 깊이 사랑

　리더에게 필요한 덕목

할 때, 리더십은 힘을 발휘한다는 정도는 충분히 확인할 수 있습니다.

여러분이 이끄는 팀도, 여러분에게 소중한 가족이 될 수 있다는 것을 믿어 의심치 않습니다.

김 코치의 실천 한 마디

직원들과 잘 지낸다는 어느 리더의 사례를 소개합니다. 그는 휴대폰 이름에 직원의 아이들 이름을 함께 저장한다고 합니다. 그래서 통화를 하거나 대화를 할 때 아이들 안부를 묻곤 한다고 하네요. 직원들은 개인 간의 관계가 잠시나마 가족으로 확장되는 느낌을 받았다고 합니다. 동료 이상의 관계가 필요할 경우 어떤 실천이 필요할지 이 사례를 참고삼아 곰곰이 생각해보세요. 이제 생일 케이크를 나누는 것 정도는 약간 의례적인 것이 돼버렸네요.

주재원 생활을 하며 배운 것

안승호

직장 생활 중 해외 파견 근무는 저에게 정말 특별한 경험을 안겨주었습니다. 주재원은 단순히 개인이 아닌 회사와 조직을 대표하는 존재로서, 현지인들과 함께 업무를 수행합니다. 그렇기에 국내에서보다 더욱 엄격한 자세와 막중한 책임감이 요구됩니다. 회사를 대표하는 대사(Ambassador)라고 여기며, 매 순간 임해야 합니다.

주재원은 본질적으로 코디네이터의 역할을 담당합니다. 해외 파견지와 본국 사이에서 상호 요구사항을 파악해 업무가 효과적으로 진행될 수 있도록 중재하는 것이 핵심입니다. 물론 회사와 조직의 특성에 따라 구체적인 역할은 달라질 수 있지만, 변하지 않는 것은 높은 수준의 자기관리와 책임감입니다.

해외에서 일한다는 것은 근본적으로 다른 문화와 마주하는 일입니다. 소통은 비즈니스 언어만으로도 가능하지만, 그들(현지인 직원)과 협력 관계를 구축하려면 그 이상이 필요합니다. 현상을 바라보는 시각부터 문제에 접근하는 방식까지, 모든 것이 다를 수밖에 없습니다. 중요한 것은 이러한 차이를 틀림으로 받아들이지 않고, 어떻게 하면 시너지를 창출할 수 있을지, 열린 마음으로 고민하는 것입니다. 그리고 저는 늘 제 태도와 행동이 현지의 동료에게 조직 전체를 평가하는 기준이 된다고 생각했습니다. 그래서 끊임없이 절제되고 사려 깊게 행동했습니다. 이를 불편함이 아닌 감당해야 할 소중한 책임으로 받아들였습니다.

4년이라는 시간 동안 본국을 떠나 주재원 생활을 하면서 스스로 겸양과 수양이라는 키워드로 생활했고, 현지인 직원들에게 본사의 마인드와 태도를 잘 보여주었다고 생각합니다. 동시에 제가 배운 것도 많습니다. 주재원으로 근무하면서 현지인 직원들로부터 배운 것을 얘기해보겠습니다(제가 파견근무를 했던 팀에는 시스템별 주재원을 제외하면 모두 현지인으로 구성되어 있었습니다).

가장 크게 느낀 것은 '본질에 충실히 한다'는 점이었습니다. 회의 시간에는 오직 안건에만 집중할 뿐, 형식적인 예의나 격식에는 크게 개의치 않았습니다. 매니저 앞에서 다리를 꼬고 앉든 말든 상관이 없었으며, 자유롭게 의견을 개진하고 서로 절충해나가는 모습은 지금도 선명한 기억으로 남아있습니다. 그리고 현지인 매니저의 경청하는 자세 또한 인상 깊었습니다. 구성원들의 이야기를 끝까지 들어주면서 결과만을 추구하기보다는 과정 하나하나를 소중히 생각하고 있음을 알 수 있었습니다. 그 모습을 보면서 경청이 자연스럽게 체화되기까지는 얼마나 많은 인내와 훈련이 필요할까, 라는 생각을 했습니다.

더 감동적이었던 것은 매니저가 보여준 동료애와 희생정신이었습니다. 미국에서는 기념일이나 특별한 행사 때 기프트 카드로 마음을 전하는 문화가 있습니다. 한번은 어떤 기업의 대표가 우리에게 기프트 카드를 선물로 보내왔습니다. 현지인 매니저는 잠시 생각하더니 저와 다른 동료에게 제안했습니다. "우리보다 더 필요한 사람들이 있지 않을까요?" 이후 선물해주신 분께 메일로 성의에 오해가 없기를 바란다며 정중히 양해를 구한 후, 묵묵히 허드렛일을 감당하는 계약직 직원들에게 전달했습니다. 아무리 작은 일이라도 함께 일하는 동료를 챙기는 마음 씀씀이에 깊은 감동을 받았습니다.

구분 짓는 게 조금 어색하긴 하지만, 미국식 리더가 어떤 모습인지, 그들은 어떻게 조직을 운영하고 관리하는지, 옆에서 관찰하고 배울 수 있는 소중한 기회를 얻었습니다. 그러면서 어느 조직이든, 리더의 참모습은 화려한 무대 위가 아니라, 주변을 세심히 살피고 보이지 않는 곳에서 묵묵히 수고하는 이들을 챙기는 것이라는 것도 확실히 알게 되었습니다.

그곳에서 일하고 생활할 수 있도록 도움을 준 많은 분에게 다시 한 번 감사의 인사를 드리고 싶습니다.

김 코치의 실천 한 마디

다양한 지역에서 다양한 사람들과 함께 근무하는 데 필요한 역량이 '문화지능(Cultural Intelligence)'입니다. 특히 '문화적 겸손함(Cultural Humility)'을 갖춘 리더는 여러 나라에서 온 직원들의 신뢰를 더 빠르게 얻을 수 있습니다. 이것은 자신의 문화적 배경이 절대적 기준이 아님을 인정하고, 상대방의 관점에서 상황을 바라보려는 의지를 의미합니다. 만약 약간 의아한 순간이 있다면, 잠시 생각을 내려놓고, 이유와 상황에 의견을 구하는 게 좋습니다.

팀을 이끄는 기술, 리더의 핵심 역량

팀을 이끄는 기술, 리더의 핵심 역량

본질을 놓치지 않는다

안승호

사이먼 시넥의 『나는 왜 이 일을 하는가(Start with Why)』
에 나오는 '골든서클'은 Why(존재 이유, 목적, 신념), How(실
천, 행동), What(결과물)으로 구성되어 있습니다. 이중에서도
가장 중요한 것은 Why입니다. Why는 단순한 목표나 숫자
가 아닙니다. 사이먼 시넥에 따르면, 개인이나 기업은 '무엇
(What)'과 '어떻게(How)'는 잘 설명하지만 '왜(Why)'에 대
한 답은 놓치는 경우가 많다고 했습니다. 하지만 사람들은
결국 '무엇을 하는가(What)'보다 '왜 그것을 하는가(Why)'
에 더 크게 공감하고, 그 이유 때문에 신뢰와 충성도를 갖
습니다. 즉 "Why → How → What"의 순서로 말하고 행

동해야 사람들의 마음을 움직일 수 있습니다.

우리는 어릴 적부터 숫자에 민감했습니다. 몇 등, 몇 점으로 개개인의 우열을 가려야만 했던 환경에서 자라서 그렇습니다. 이는 사회인으로 첫발을 뗀 직장에서도 마찬가지입니다. 저처럼 연구원이라면 한 번 정도는 들어봤을 "양산으로 연결되지 않는 연구는 지양하기 바랍니다"라는 말 속에는 결과만을 중시하는 사고가 담겨 있습니다.

스타벅스하면 가정과 직장 사이의 제3의 공간으로 사람들이 생각합니다. 집처럼 완전히 사적이지는 않지만 혼자서도 머무를 수 있고, 회사처럼 의무적이지는 않지만 노트북을 펼치고 일도 할 수 있는 공간. 사람들이 자연스럽게 모이고, 머물고, 교류할 수 있는 제3의 생활 무대입니다. 이를 위해 스타벅스는 일관된 인테리어로 매장을 꾸미고, 머무는 동안 편안함을 느낄 수 있도록 조명의 밝기를 조정합니다. 그리고 이러한 자신의 철학(존재 이유)을 실현하고자 일회용품 사용을 지양합니다.

그런데 한번은 비용 절감을 목적으로 도자기 식기 대신 종이컵을 사용한 적이 있습니다. 종이컵은 '테이크아웃(바로 들고 나가는 용도)'을 상징합니다. 반대로 도자기 식기는 '앉아서 여유 있게 음료를 즐기는 경험'을 상징합니다. 매

　　　　　　　팀을 이끄는 기술, 리더의 핵심 역량

장을 단순히 커피를 사가는 곳이 아니라 앉아 머무는 생활 공간으로 인식하게 합니다.

종이컵 사용은 이런 자신의 존재 이유를 외면한 결정으로 고객들로부터 호된 비판을 받았습니다. 편리함이라는 결과만을 생각한 결정이었기 때문입니다. 이후 스타벅스는 자신들이 무엇을 놓쳤는지 깨닫고는 원래 하던 대로 도자기 식기로 다시 돌아갔습니다.

제가 속한 연구실의 구성원은 누구나 할 것 없이 자신이 연구한 내용이 실제 제품에 반영되길 바라며 일합니다. 하지만 연구 결과가 언제나 계획처럼 되지는 않습니다. 이럴 때 함께 원인을 찾고, 막힌 부분을 뚫어주는 역할이 리더의 역량입니다.

그런데 이같은 리더십이 존재하지 않는다면 어떻게 될까요? 먼저 불확실한 계획을 세우지 않으려고 합니다. 그러면 조직의 목표 지점은 점점 낮아집니다. 성장 근육은 퇴화하고, 선택적 결론을 담은 보고서만 만들어집니다. 성장에는 비도 필요하고 바람도 필요하고 햇빛도 필요한데, 이 과정의 일부가 누락된다면, 다음을 위한 학습 사례로 연결되지 못합니다. 결과적으로 조직은 큰 그림을 그리지 못하고, 늘 주어지는 일을 처리하기에 급급한 모습에 갇히게 됩니다.

매 순간 판단의 기준은 기업이 존재하는 이유(목적)를 최우선적으로 고려하는 것이 되어야 합니다. 그것은 골든서클의 Why에 해당하는 것입니다. 불명확성이 커지는 기술 개발의 각축장에서도 리더에게 필요한 덕목은 우리의 본질을 일깨우고, 실패하더라도 본질에 맞춰 새로운 사고를 끊임없이 할 수 있는 에너지를 구성원들에게 불어넣는 일입니다. 이는 What 대신 Why를 강조할 때 일어납니다.

오늘 하루도 바쁜 일상 속에서 숫자와 결과에 쫓기겠지만, 잠시 멈춰 서서 스스로에게 물어보시기 바랍니다. 지금 내가 하고 있는 일의 진정한 의미는 무엇인지, 이 일을 통해서 누구를 행복하게 할 것인지, 그리고 어떻게 해낼 것인지. 또한 같은 질문을 후배 동료에게도 해야 합니다. 모두가 그 답을 찾는 순간 조직은 단단해집니다. 리더로서 여러분이 해야 하는 일입니다.

김 코치의 실천 한 마디

'왜'라는 질문을 잃어버린 조직은 마치 나침반 없이 항해하는 배와 같습니다. 단기 성과에 매몰되어 본질을 잃으면, 구성원들은 의미 없는 업무에 지쳐가고 조직의 창의력은 서서히 고갈됩니다. 중요한 회의라면 "우리가 이 일을

　　　　　　　　팀을 이끄는 기술, 리더의 핵심 역량

왜 하는가?"라는 질문으로 시작하는 습관을 만들어보세요. 스타벅스가 도자기 식기를 종이컵으로 바꾸며 잠시 정체성을 잃었듯이, 편의나 효율만을 추구하다 보면 영혼을 잃을 수 있습니다. 진정한 리더는 숫자 뒤에 숨겨진 이야기를 읽어내고, 구성원들이 자신의 일에서 더 큰 의미를 발견할 수 있도록 도와주는 내러티브 전달자입니다.

생각을 이끌어 내는 질문 법

안승호

지금 우리는 AI 트랜스포메이션으로 산업 구조가 재편되는 거대한 변곡점 위에 서 있습니다. AI는 스스로 코딩을 하는가 하면, 이를 다시 검증하기도 합니다. 그러면서 신뢰성을 높입니다. 최근에는 각 기능에 특화된 AI를 모아 정보의 합집합을 만들고 이를 최적화해서 답을 출력하는 AI도 나오기 시작했습니다. 이는 인간의 집단지성을 대체하는 것이 될지도 모릅니다.

조만간 AI가 인간을 넘어설지 모른다는 생각을 해봅니다. 아니 넘어섰다고 말해도 무방할듯합니다. 이미 석박사의 실력을 갖추고서 빠른 결과를 만들어 내고 있습니다. 이런 상황에서 인간에게 남은 것은 무엇일까요? 저는 입력이라고 생각합니다. 입력의 핵심은 "질문"입니다. 그리고 질문의 밑바탕에는 호기심이 자리하고 있습니다.

어떤 질문을 할 것인지, 무엇이 가치를 창출하는 질문인지, 이를 판단하는 것은 오직 인간뿐입니다. AI를 넘어설 수 있는 유일한 인간의 능력입니다. 좋은 질문을 위해서는 사물에 대한 호기심, 인간에 대한 호기심이 필요합니다.

앞으로의 리더십이 어디로 흘러갈지에 대해 답이 나왔습니다. 맞습니다. 호기심을 갖고서 관찰을 하고, 그런 다음 질문을 할 줄 알아야 하는 것이 리더에게 필요한 일이자 핵심 역량입니다.

질문은 답을 특정하지 않고 여러 사람의 다양한 의견을 끌어낼 수 있어야 합니다. 그리고 다른 방향으로 생각하게 하고, 생각의 범위를 넓히는데 도움을 줘야 합니다. 얼마 전 동료와 함께 글로벌 메이커인 L사 전기차를 본 적이 있었습니다. "어떻게 전력 계통 시스템을 저렇게 패키지화할 수 있었을까요?" 저의 질문에 연구원 중 한 명이 이렇게 답했습니다. "원래 레거시 차량 개발을 하지 않았기 때문에 가능하지 않았을까요?" 말을 듣고 보니 일리가 있었습니다. 이처럼 질문은 새로운 관점을 얻을 수 있게 도와줍니다. 지금은 산업의 경계가 없는 시대라 해도 과언이 아니기 때문에, 모든 사물에 호기심을 갖고서 질문을 하고, 여러 답변을 들어봐야 합니다.

질문은 관계의 정립도 도와줍니다. 하루는 한 동료가 고민을 갖고 저를 찾아왔습니다. 같이 일하는 후배 사원에게 기술적 인사이트를 주고 잘 리딩해주고 싶은데, 제자리에서 맴도는 상황 때문에 힘들다고 했습니다. 분명 후배에게는 언제까지 해달라고 여러 차례 말했는데 중간에 피드백도 없고, 질문에는 단답형으로만 답을 해, 보고 있으면 속이 터질 지경이라고 했습니다. 저는 그의 얘기를 듣고, 질문의 방법을 달리 해보라고 조언했습니다.

질문을 어떻게 하느냐에 따라 대화의 작동 메커니즘은 달라집니다. 내머릿 속에 정답이 들어있고, 그걸 맞춰봐라, 하는 식으로 질문하는 것이 아니라, 상대방의 의견을 묻고 이끌어내는 식으로 질문해야 합니다. 질책의 질문이 아니라 문제의 원인을 묻는 질문이어야 합니다. 그래야 의지를 꺾지 않으면서도 답을 찾으려는 노력을 합니다. 그렇게 해서 실행자의 의지력을 살리면 조직은 원활히 돌아갑니다.

질문은 새로운 혁신 제품을 만드는 데도, 관계 설정을 하는 데도 매우 중요합니다. 그리고 AI가 유일하게 직접 하지 못하는 것도 질문입니다.

다시 한 번 강조하겠습니다. AI 시대에도 리더가 놓치지 말아야 할 것은 질문입니다. 입력을 어떻게 하느냐에 따라 출력은 달라집니다. 출력은 AI에게 맡기고 후배에게 맡길 수 있지만, 입력(질문)은 리더인 내가 해야 합니다.

김 코치의 실천 한 마디

질문의 시작 단어를 바꾸는 것만으로도 대화의 품질이 달라집니다. "왜 안 했어?"가 아니라 "어떻게 하면 될까?"로, "누가 잘못했나?"보다는 "무엇을 개선할 수 있을까?"라고 물어보세요. 이런 작은 변화가 팀원들로 하여금 방어적 태도에서 벗어나 창의적 해결책을 제안하게 합니다. 특히 회의에서 "제가 생각하기에는…"으로 시작하지 말고 "여러분은 어떻게 생각하세요?"로 시작하는 습관을 만들어보세요. 리더의 역할은 정답을 주는 것이 아니라 팀원들이 스스로 답을 찾도록 돕는 것입니다. 좋은 질문 하나가 열 번의 지시보다 강력합니다.

공기처럼 매일 숨 쉬고 마시는 것

안승호

최근 몇몇 분들과 회사의 미래를 논의하며, 조직의 전략에 대해 깊이 생각해본 적이 있습니다. 전략은 나침반이 가리키는 방향과 같습니다. 어떤 상황에서도 나침반 바늘은 항상 북쪽을 가리키듯, 전략도 우리가 가고자 하는 미래 비전을 향해 일관된 방향성을 유지해야 합니다.

물론 전략은 대외 환경의 변화나 조직의 상황에 따라 잠시 바뀔 수 있습니다. 하지만 궁극적으로 추구하는 비전만큼은 변하지 말아야 합니다. 이는 조직이 지향하는 큰 줄기이며, 조직 내면에 흐르는 철학이기 때문입니다. 비전이 우리가 도달하고자 하는 목적지라면, 전략은 그곳에 이르는 최적의 경로입니다. 명확한 비전 없이는 진정한 전략을 수립할 수 없으며, 체계적인 전략 없이는 비전을 현실로 만들어낼 수 없습니다. 비전과 전략이 유기적으로 연결될 때 조직은 지속 가능한 성장의 토대를 마련할 수 있습니다.

나아가 전략의 내용은 구성원 한 사람 한 사람의 행동 원칙이 되어야 합니다. 이를 위해 저는 몇 가지 방안을 실행하고 있습니다. 먼저 마케팅 분야의 '룩앤필(Look and Feel)' 개념을 조직에 적용하는 것입니다. 조직의 미션과 비전을 담은 시각적 메시지를 모두가 자주 보는 곳에 두었습니다. 우리의 목표와 가치를 스토리 형식으로 자연스럽게 전달하는 방식입니다.

그리고 조직의 역사를 체계적으로 기록하고 지속적으로 업데이트하는 작업도 중요하게 하고 있습니다. 이는 구성원들이 조직의 발자취를 이해하고 연속 선상에서 자신의 역할을 인식하도록 하는 방법입니다. 단순히 업무 수행자가 아닌 역사를 이어가는 주체라는 자부심을 품고 일할 수 있도록 하는 것입니다.

이처럼 전략의 내재화는 일상의 공기처럼 매일 숨 쉬고 마시는 것이 되어야 합니다. '우리 조직이라면 어떻게 할까?'라는 질문이 일상에서 자연스럽게 나오도록 하는 것,

그것이 바로 전략이 조직의 DNA가 되는 순간입니다.

따라서 리더는 조직에서 수립되는 전략이 구성원 개개인에게는 어떤 의미로 연결되는지 설명할 수 있어야 하고, 이를 알 수 있도록 해야 합니다. 그래야만 자발적 참여를 이끌어내어 조직의 성과에 긍정적인 영향을 미칠 수 있습니다.

리더십은 결국 구성원들이 같은 꿈을 꾸고, 같은 방향을 바라보며, 각자의 자리에서 최선을 다할 수 있도록 돕는 것입니다. 이것이야말로 리더가 전략가가 되어야 하는 진정한 이유가 아닐까 합니다.

김 코치의 실천 한 마디

안타깝지만 '전략은 괜찮았는데, 실행이 문제였다'라는 인식이 광범위하게 퍼져 있습니다. 적합한 전략은 실행을 위한 커뮤니케이션 방법과 상하 정렬, 전술의 구체적 방향까지 담을 수 있어야 합니다. 따라서 전략과 실행은 뚜렷이 구분할 수 없으며 구분해서도 안 됩니다. 기획 단계부터 실행을 담보할 방도를 찾는 넓은 시야가 리더에게 요구되는 이유입니다.

　　　　　　팀을 이끄는 기술, 리더의 핵심 역량

비전 제시

오늘도 의미 있는 일을 하러 간다

최훈영

조직이 나아가야 할 방향을 명확히 제시하는 것이 리더의 역할입니다. 저는 리더가 되기 전 이러한 부분을 간과했던 쓰라린 경험을 갖고 있습니다.

당시 우리 조직은 KPI 성과 목표 달성을 위해 초과 근무를 포함하여 잠자는 시간을 아껴가면서까지 수단과 방법을 가리지 않고 매일 숫자를 쫓으며 일하고 있었습니다. 그 결과 목표 달성에 성공할 수는 있었지만 직원들 표정은 항상 어두웠습니다.

한 직원이 조용히 저에게 물었습니다. "우리는 왜 이렇게 힘들게 일하는 건가요? 내년에도, 내후년에도 똑같이 숫자만 쫓아가는 건가요?” 그 순간 저는 깨달았습니다. 목표는 줬지만 방향을 주지 못했다는 것과 직원들은 단순히 일하는 것이 아니라 의미 있는 일을 하고 싶어한다는 것을, 그때서야 이해했습니다.

먼저, 조직이 처한 상황을 이해하고, 문제점이 무엇인지 원인을 조사하고, 그에 따른 개선 방안을 제시하는 브레인스토밍부터 시작했습니다. 직원들 개개인의 의견을 수렴하는 등 사기 진작에도 노력을 기울였습니다. 그리고 KPI 숫자에 매몰되는 상황을 탈피하고자 불필요한 KPI는 과감히 삭제하고, 필수 KPI를 재정립했습니다. 조직의 효율적인 운영과 시급히 개선되고 보완되어야 하는 사항에 대해서는 밤샘 토론을 하며 대안을 마련해보았습니다.

처음에는 문제점을 드러내는 것에 거부감을 느끼는 직원도 있었고, KPI를 축소 운영하는 방법에 대해서는 ‘그게 되겠어? 검토하다 말겠지’라고 부정적으로 보는 시선도 있었습니다. 하지만 추진 의사를 거듭 밝히면서 진심을 보이니 직원들 생각도 조금씩 바뀌어 갔습니다.

그 결과, 불필요한 KPI는 줄고 좀 더 효율적인 조직 운영이 되면서, 직원들 업무 만족도도 상당히 개선되었습니다. 그러면서 자연스럽게 다음 단계의 비전에 대해서도 논의할

　　　　　　　　팀을 이끄는 기술, 리더의 핵심 역량

수 있는 상황이 만들어졌습니다.

이제 비전 얘기를 해보겠습니다. 비전을 제시할 때 중요한 것은 현실성입니다. "업계 1위가 되자"는 말은 막연합니다. 더군다나 후발 주자이거나 업계 1위가 조금은 멀리 가야 하는 목표라면, 처음에는 의욕을 갖고서 일하겠지만 얼마 지나지 않아 현실과의 괴리를 느끼고 무기력해집니다. 반면 "3년 안에 우리 분야에서 가장 신뢰받는 조직이 되자"는 훨씬 더 현실적입니다. 여기에 구체적인 실행 계획과 단계별 목표까지 설정하고 나면, 직원들 역시 달성 가능하다고 느끼며 더욱 적극적으로 참여하게 됩니다. 핵심은 '이 정도면, 할 수 있겠다'하는 마음을 만들어 주는 것입니다.

비전은 일방적으로 선언하는 것이 아닙니다. 함께 만들어가는 것입니다. 저는 분기별로 직원들과 '우리가 꿈꾸는 조직의 모습'에 대해 대화를 나눕니다. 각자가 생각하는 이상적인 조직의 모습을 공유하고, 그것을 현실화하기 위한 구체적인 방법을 고민합니다. 이렇게 만든 비전은 직원들의 주인의식을 강화합니다.

특히 젊은 직원들에게 비전은 매우 중요합니다. 처음에는 단순 업무 처리에만 급급한 신입 사원이지만, '고객 문제 해결 전문가'라는 비전을 갖게 되면 자신의 일을 스스로 해석하기 시작합니다. 스스로 고객 데이터를 분석하고 개선 방안을 제안하는 적극적인 직원이 됩니다.

비전 제시 다음으로 일상의 업무와 어떻게 연결되는지, 어떤 의미를 주는지 지속적으로 소통해야 합니다. 저는 매주 팀원과의 미팅에서 이번 주 우리가 한 일이 우리 비전에 어떻게 기여했는지 물어봅니다. 비전과 연결해서 의미를 부여하면 자신의 일이 그저 지시로만 이행되는 주어진 일이라고 생각하지 않습니다. 당연히 더 열심히 하고자 하는 동기부여를 얻게 됩니다.

단순히 할 일만 주지 말고, 그 일을 왜 해야 하는지 분명한 이유를 제시하기 바랍니다. 비전은 거창한 것이 아닙니다. 우리 조직이 추구하는 가치와 미래의 모습을 구체적으로 그리는 것입니다. 직원들이 아침에 출근할 때 '오늘도 의미 있는 일을 하러 간다'고 느낄 수 있도록 만들어주는 것입니다. 비전이 있어야 사람도, 조직도 진정으로 움직입니다.

    팀을 이끄는 기술, 리더의 핵심 역량

비전과 연계 없는 KPI는 마치 기착지 없는 여행과 같습니다. 아무리 빨리 달려도 제대로 가는지 모르니 직원들은 지치기 마련입니다. 효과적인 비전을 만들려면 "3년 후 우리 조직이 어떤 말을 듣고 싶은가?"라는 질문부터 시작해야 합니다. 처음에는 '매출 1위'보다는 '가장 신뢰받는 팀'처럼 감정적으로 와 닿는 표현이 더 효과적입니다. 숫자를 던지는 순간 직원들은 맞춰 내는 것만 생각하기 때문입니다.

모두에게 완벽할 순 없다

조재순

사회생활을 시작하고 리더의 자리에 오르기까지, 우리는 수많은 사람을 만나고 관계를 맺습니다. 그러면서 사람에 대한 나름의 확신을 가지게 되는 순간이 있습니다. 저 역시 '알고 보면 세상에 나쁜 사람은 없다'는 말을 입에 달고 살 만큼, 사람에 대한 근본적인 믿음을 가지고 있었습니다. 모든 사람에게는 선한 의지가 있고, 문제가 생긴다면 그것은 오해나 환경 때문이라고 생각했습니다.

하지만 근래 어떤 사람을 알게 되면서, 저의 이러한 확신에 균열이 생기기 시작했습니다. 세상에는 정말 처음부터 악의를 가진, 이유 없이 악의를 품는 나쁜 사람도 있었습니다. 냉정한 현실과 마주했다고 할까요? 아무튼 그 경험은 저에게 깊은 고민의 시간을 주었고, 인간관계에 대해 새로운 생각을 하도록 했습니다. 결과적으로, 저는 이렇게 정리했습니다. "모든 관계를 긍정적으로만 끌고 가려고 했던 시도 자체가 오히려 저 자신과 팀원들에게 불필요한 에너지를 소모하게 할 수 있다."

후배들에게 그리고 동료 리더들에게 당부하고 싶습니다. 모든 사람과 완벽하게 조화를 이루는 것은 불가능하다는 사실을 인정해야 합니다. 때로는 포기할 것은 포기해야 하는 지혜가 필요합니다. 이는 단순히 관계를 단절하는 것을 넘어, 비생산적이거나 부정적인 영향을 미치는 관계에 대한 적절한 경계 설정을 의미합니다. 모든 사람에게 다 잘하려 하고, 그들을 돕기 위해 진심으로 노력하는 대신, 나와 맞지 않는 사람이거나 몇 번의 시도로 그럴 필요가 없다는 생각이 드는 관계라면, 에너지와 시간을 다른 곳에 할애하도록 하는 것이 현명합니다. 즉 모두에게 완벽할 필요가 없다는 것입니다.

리더는 사람에 대한 폭넓은 이해와 함께, 냉철한 판단력을 갖추어야 합니다. 이는 팀원 개개인의 역량을 최대한으로 이끌어내고, 조직 전체의 건강한 문화를 조성하는 데 필수적입니다. 어떤 관계는 단단하게 키워나가야 하지만, 어떤 관계는 적정 거리를 유지하며 스스로와 팀을 보호해야 합니다.

"인간관계에 대한 균형 잡힌 지혜"는 조직이 흔들림 없이 나아가고, 구성원들의 효율성과 행복을 증진하는 데 필요한 중요한 리더십 역량입니다.

김 코치의 실천 한 마디

모든 사람과 좋은 관계를 유지하려다가 정작 중요한 관계와 목표를 놓치지 마세요. '인사(人事)가 만사(萬事)'라는 말을 다들 아실 겁니다. 사람 인(人)은 사람마다 다르게 대응한다는 의미가 있습니다. 구성원 모두를 동일하게 대할 수는 없습니다. 직장 사람들과 관계의 시작은 개인이 아니라 조직의 성과입니다. 이 기준에 부합하도록 구성원과의 '적정 관계' 설정이 꼭 필요합니다.

 팀을 이끄는 기술, 리더의 핵심 역량

겸손

기꺼이 수정할 준비

조재순

사람에 대한 생각이 바뀌고서, 내가 그동안 갖고 있던 확신이라는 것에 의문을 가지기 시작했습니다. 그러면서 그동안 당연시해온 것들을 다시 보기 시작했습니다.

오랫 동안 '사람은 나이가 들수록 왜 시간이 짧게 느껴질까(빨리 갈까)?'라는 질문에 매달린 적이 있습니다. 그러다 '한 살짜리에게 1년은 자기가 살아온 인생만큼 더 살아야 하는 시간이지만, 쉰 살에게 1년은 자기가 살아온 인생의 50분의 1이다. 그렇기 때문에 당연히 나이가 들수록 시간이 점점 더 빨리 간다고 느낀다'는 나름의 이론을 정립했습니다. 그런데 순전히 저만의 독창적인 생각인 줄 알았는

데, 누군가 그 내용이 이미 어떤 책에 나와 있다고 말해주었을 때, 약간은 당혹스러웠습니다. 알고 보면 누구나 하는 보편적인 생각이었습니다.

리더의 길을 걷다 보면 우리가 확신했던 지식이 진실이 아니라는 것을 깨달을 때가 있습니다. '진실이 진실이 아니다'라는 역설적인 표현처럼, 그동안 그게 맞다고 생각했던 것이 현실에서는 전혀 다른 모습을 하고 나타날 수도 있습니다. 그래서 매사 내가 알고 있는 지식이나 생각이 진실에 부합하는지 끊임없이 의심하고 확인하는 자세가 필요합니다.

리더는 오랜 경험을 통해 체득한 지혜를 바탕으로 하되, 새로운 관점과 데이터 앞에서는 언제든 자신의 생각을 기꺼이 수정할 준비가 되어 있어야 합니다. 이러한 "겸손함"이야말로 리더가 변화하는 환경 속에서 올바른 판단을 내리고, 조직을 진정한 성장으로 이끄는 핵심 역량입니다. 이는 사물을 이해하는 것에서도, 사람을 이해하는 것에서도 동일하게 적용됩니다.

그리고 직접 몸으로 부딪히고 깨달은 것은 설령 남이 이미 알고 있는 것이라고 할지라도 절대 잊히지 않는 나만의 소중한 자산이 된다는 사실도 꼭 기억했으면 합니다.

     팀을 이끄는 기술, 리더의 핵심 역량

다른 관점을 받아들이는 연습이 겸손한 리더십의 시작입니다. 중요한 안건을 논의할 때 "혹시 내가 놓친 점이나 다른 시각이 있을까요?"라고 묻습니다. 새로운 책을 읽거나, 젊은 직원, 다른 분야 전문가와도 대화합니다. 기존의 생각을 흔드는 경험을 의도적으로 만들어 봅니다. 중요한 결정을 내릴 때 '이 판단이 지금의 내 확신에만 의존하고 있지는 않은가?', '다른 근거를 찾아보면 달라질 수 있지 않을까?'라는 질문을 스스로에게 던집니다. 섣부른 결정을 경계하는 리더만이 변화 속에서 조직을 지켜낼 수 있습니다.

부분 최적화가 아닌 전체 최적화

최훈영

리더십에서 가장 중요한 능력 중 하나는 전체를 보는 시선입니다. 저는 중간 관리자 시절 한 가지 큰 실수를 했던 적이 있습니다. 우리 부서의 성과가 떨어진다는 지적을 받고, 즉시 업무 프로세스를 개선하고 직원들의 근무 시간을 늘린 일입니다. 단기적으로는 성과가 올라갔지만, 몇 달 후 다른 부서에서 문제들이 발생하기 시작했습니다. 알고 보니 우리 부서의 성과 향상이 다른 부서의 업무 부담을 가중시켰고, 전체 조직의 균형을 깨뜨렸던 것이었습니다. 그때 저는 깨달았습니다. 리더는 자신의 영역만 봐서는 안 되고, 전체 시스템 속에서 자신의 역할을 이해해야 한다는 것을 말입니다.

몇 년 후 비슷한 문제가 또다시 발생했을 때, 이번에는 모든 부서 담당자들과 회의를 했습니다. 선행 조직은 고객 요구 사항의 변화를 얘기했고, 후행 조직은 설비 노후화의 문제와 새로운 검사 기준의 필요성을 강조했습니다. 이렇게 각 부서의 목소리를 들어보니 진짜 문제가 보였습니다. 단순히 우리 부서만의 문제가 아니라, 회사 전체의 업무 플로우가 시대 변화에 맞지 않은 것이 눈에 들어왔습니다.

몇 년 전 회사에서 원가 절감 압박이 있었을 때, 많은 부서가 예산을 줄이기에만 집중했습니다. 하지만 저는 3년 후 시장을 분석하고, 경쟁사의 동향을 살펴본 후 다른 결정을 내렸습니다. 오히려 핵심 역량에 투자를 집중하고, 불필요한 업무를 과감히 정리하는 식으로 원가 절감의 방향을 조정했습니다. 덕분에 경기 회복 시기에 우리 조직은 가장 빠르게 성장할 수 있었습니다.

눈앞의 문제에만 매몰되지 않는 시스템적 사고는 하루 아침에 길러지는 능력이 아닙니다. 꾸준히 다른 부서의 업무를 이해하려고 하고, 산업 전체의 트렌드를 파악하며, 넓은 관점에서 사고할 때 만들어집니다. 여기에는 나의 결정이 다른 부서와 조직 전체로 어떤 영향을 미치는지도 고려

되어야 합니다.

　동료와 후배 리더들에게 당부하고 싶습니다. 눈앞의 문제에만 매몰되지 말고, 한 발짝 뒤로 물러서서 전체를 보는 시각을 길러보기 바랍니다. 부분 최적화가 아닌 전체 최적화를 추구하기 바랍니다. 각 부서의 목소리를 들어보고, 장기적 관점에서 판단하기 바랍니다. 리더는 나무가 아니라 숲을 보는 사람이어야 합니다. 전체를 볼 때 비로소 진짜 해답이 보이고, 지속 가능한 성장을 만들 수 있습니다.

김 코치의 실천 한 마디

　부분 최적화의 함정에 빠지지 않으려면 결정 내리기 전에 '다른 부서에 어떤 영향을 줄까?'를 먼저 자문해야 합니다. 도미노처럼 하나의 변화가 전체에 어떤 영향을 미치는지 파급 효과를 예상해보는 습관이 필요합니다. 그리고 정기적으로 다른 부서 담당자와 커피 한 잔을 합니다. 그들의 고민을 들어보는 것만으로도 시스템적 관점이 크게 향상됩니다. 눈에 보이는 증상을 치료하기보다 근본 원인을 찾아 해결하는 것이 리더의 진짜 역할입니다.

　　　　　　　　팀을 이끄는 기술, 리더의 핵심 역량

에너지가 더해지는 환경 만들기

안승호

얼마 전 일하는 사무 공간 및 실험 공간을 리모델링했습니다. 많은 사람이 말합니다. "굳이 저렇게까지 신경을 쓸 필요가 있을까?"

우리가 함께하는 공간(환경)은 단순히 일하는 장소를 넘어 개인의 전문성과 심리적인 안정감을 담아내는 공간입니다. 다들 일하는 공간이라고 하면 '기능적인' 것에만 초점을 맞춥니다. 사무실이라면 책상과 의자가 있고, 회의실이 있으면 된다고 생각합니다. 그러나 저는 하드웨어 사이를 채워내는 온기, "공간에 활기를 담는 것"이 더 중요하다고 생각합니다.

일하는 공간에 대한 설계는 단순히 미적 고려 사항이 아니라 조직 성과에 직결되는 전략적 요소임을 알아야 합니다. 이는 구성원들의 몰입과도 깊은 관계가 있습니다. 『이기적 유전자(The Selfish Gene)』의 저자인 리처드 도킨스는 "환경은 우리의 행동을 형성하고, 행동은 우리의 문화를 형성한다"라고 말했습니다. 이 말은 환경이 인간의 행동에 미치는 영향을 잘 설명합니다. 좋은 환경이 구성원들의 행동과 문화를 긍정적으로 변화시킬 수 있다는 점을 시사하는 말이기도 합니다.

몇 달 동안 동료의 수고로 딱딱할 수 있는 실험 공간에 새롭게 온기를 담게 되었습니다. 아이디어를 스케치할 수 있도록 한쪽 벽면에 게시판을 설치한 것입니다. 지저분하게 보일 수도 있으나 번뜩이는 아이디어가 나오는 공간으로 만들고 싶었습니다. 작정하고 이야기를 하는 것이 아니라 언제든지 시시때때로 이야기를 나눌 수 있는 분위기, 그래서 정기적인 회의의 부담감을 줄이고 싶었습니다. 그리고 잠깐 들르는 화장실에도 그림을 걸어두었습니다. 짧은 순간이라도 직원들이 눈으로 그림을 감상하며 정신적인 안정감을 느낄 수 있도록 했습니다.

작은 변화가 모여 조직 전체의 분위기를 따뜻하게 만들

　　　　　　　　팀을 이끄는 기술, 리더의 핵심 역량

고, 결국에는 직원들 마음가짐에도 긍정적인 영향을 미칠 것이라고 믿습니다.

리더의 세심한 배려가 건강한 조직 문화를 형성하는 첫걸음입니다. 단기적인 성과에 급급한 무미건조한 조직이 아니라, 미래를 이끌어갈 혁신적인 아이디어가 탄생하는 조직. 그러기 위해서는 물리적 공간은 물론이고, 정서적 공간에 생기와 에너지를 더할 수 있어야 합니다.

건축가이자 교수인 유현준은 "공간은 물리적 총합이 아니라 기억의 총합"이라고 했습니다. 공간은 단순한 물리적 환경이 아니라, 그곳에서 이루어지는 모든 경험과 기억이 축적되는 곳입니다. 리더는 구성원들이 최고의 잠재력을 발휘할 수 있는 환경을 조성하는 공간 큐레이터임을 한시도 잊어서는 안 됩니다.

김 코치의 실천 한 마디

공간은 말 없는 리더십 메시지가 됩니다. 화장실에 그림 한 점 거는 것부터 시작해보세요. 작은 변화지만 '회사가 항시 직원을 생각한다'는 신호가 됩니다. 사람들이 자연스럽게 마주치는 곳에 편안한 의자나 차 한잔할 수 있는 티테이블을 놓는 것도 중요합니다. 그것만으로도 소통이 증가합니다. 사실, 회의실에서 나누지 못했던 진짜 이야기는 이런 공간에서 나옵니다. 공간을 바꾸는 것에 큰 예산이 필요한 것은 아닙니다. '우리 직원이 공간에서 어떤 기분을 느꼈으면 좋겠는가?'라는 질문을 갖고 주변을 둘러보세요.

고유한 색깔을 발견하고 빛나도록 돕는 것

이상민

다양한 개성을 가진 구성원들과 함께 일하면서 깨달은 것은 모든 사람이 저마다 다른 방식으로 최고의 성과를 낼 수 있다는 것입니다. 똑같은 업무라도 누구는 혼자 집중할 때, 또 누구는 동료와 협업할 때, 더 나은 결과를 만들어냅니다. 어떤 구성원은 명확한 데드라인이 있을 때 집중력을 발휘하고, 또 어떤 구성원은 여유로운 시간 속에서 깊이 있는 사고를 통해 더 나은 아이디어를 제시합니다.

이런 차이를 인정하고 받아들이는 것이 바로 개별 "맞춤형 리더십"의 출발입니다. 리더는 구성원 개개인의 성향과 강점을 파악하고, 그들이 가진 잠재력을 최대한 끌어낼 수 있는 방식으로 리더십 발휘를 해야 합니다.

실제로 팀을 이끌면서 가장 보람을 느꼈던 순간은 구성원 각자의 방식으로 성장하고 발전하는 모습을 지켜볼 때입니다. 처음에는 소극적이었던 구성원이 자신만의 속도로 자신감을 키워가는 과정, 완벽주의 성향 때문에 무언가 결정하는 것에 있어서 고민이 많았던 구성원이 하나씩 단계를 밟아가며 의사결정하는 프로세스를 익히는 모습, 개인적인 어려움을 겪던 구성원이 팀과 동료의 응원을 받으며 다시 일어서는 모습. 이 모두 맞춤형 리더십의 성과라 생각합니다.

물론 개별 맞춤형 접근이 항상 쉬운 것은 아닙니다. 때로는 더 많은 시간과 에너지가 필요하고, 각기 다른 방식으로 소통해야 하는 부담도 있습니다. 하지만 구성원 각자가 자신의 고유한 가치를 인정받고 있다고 느낄 때, 그들은 더 큰 책임감과 주인의식을 가지고 업무에 임하게 됩니다. 결국 신뢰와 존중의 관계가 팀 전체의 시너지를 만들어내는 원동력이 됩니다.

그리고 각자 다른 개성을 가진 구성원을 잘 이해하고 이들의 장점을 부각하는 업무 분장도 중요하지만, 반드시 공통으로 지켜야 할 것도 있습니다. 모두가 인정하는 규칙과

　　　　팀을 이끄는 기술, 리더의 핵심 역량

원칙입니다. 이는 곧 공정성으로 조직 운영에 있어 또다른 중요 사항입니다.

규칙과 원칙이 일관되게 적용될 때 구성원들은 '공평하게 대우받고 있다'는 신뢰를 갖게 됩니다. 리더가 상황에 따라 원칙을 마음대로 흔들거나 사람에 따라 다르게 적용한다면, 조직 내부로는 불만과 불신이 쌓이게 됩니다. 반대로 공정한 기준을 지켜내면 구성원들은 결과에 승복하고, 자신의 역할에 더 큰 책임감을 가지게 됩니다.

동료와 후배 리더들에게 전하고 싶습니다. 개별 맞춤형 리더십은 단순히 구성원들을 다르게 대하는 것이 아니라, 각자의 잠재력을 최대한 발휘할 수 있도록 도와주는 세심한 배려입니다. 그리고 배려가 원칙과 준용될 때 우리는 더 강하고 창의적인 팀을 만들어갈 수 있으며, 구성원들도 자신의 가치를 인정받는 행복한 직장 생활을 할 수 있습니다.

고유한 색깔을 발견하고 빛나도록 도와주는 것. 그것이 리더의 진짜 역할입니다.

김 코치의 실천 한 마디

많은 리더들이 개별 맞춤형 리더십을 '편애'라고 오해합니다. 진정한 개별화는 구성원마다 알맞은 '성공 확률'을 제공하는 것입니다. 즉 키가 다른 사람들에게 같은 높이의 사다리를 주는 것이 아니라, 각자 필요한 높이의 사다리를 주는 것이 진정한 형평성입니다. 개별화 과정에서 리더는 자신의 편견과 선호도 깨닫습니다. 이를 극복해야 더 나은 리더로 성장합니다. 그리고 보다 더 중요한 것은 개별 맞춤보다 공통으로 지켜야 할 원칙을 모두에게 적용하는 것입니다. 즉 '조직의 목표 달성을 위한 최적화'입니다. 때로는 아픈 손가락처럼 느껴지는 직원이 있을지라도 원칙적인 평가를 해야 합니다. 개별 맞춤이 무조건적인 인정이나 배려가 될 수 없는 부분입니다.

 팀을 이끄는 기술, 리더의 핵심 역량

실행

리더만이 할 수 있는 특별한 능력

최훈영

리더십의 핵심은 생각하는 것이 아니라 행동하는 것에 있습니다. 저는 지난 십여 년 동안 여러 조직을 이끌어오면서 한 가지 분명한 사실을 깨달았습니다. 아무리 뛰어난 아이디어도 실행하지 않으면, 허공에 흩어지는 말뿐이라는 것을요.

몇 년 전, 우리 조직에서 업무 프로세스 개선에 대한 브레인스토밍을 진행한 적이 있습니다. 회의실에서 나온 아이디어는 정말 혁신적이었고 흥미로웠습니다. 하지만 결국 회의록에만 남고 말았습니다. 실행으로 옮기는 과정에서 마주하는 현실적 어려움 앞에서 하나둘씩 포기했기 때문입니다.

반면, 같은 시기 경쟁사에서는 우리가 냈던 것보다 더 평범한 아이디어를 갖고서도 상품으로 만들어서 성과를 만드는 것을 지켜보았습니다. 리더는 아이디어를 내는 사람이 아니라, 아이디어를 현실로 만드는 사람이어야 한다는 것을 그때 확실히 알게 됐습니다.

실행은 아이디어보다 훨씬 복잡하고 어려운 과정입니다. 계획을 세울 때는 보이지 않던 장애물이 나타나고, 예상치 못한 변수도 계속 등장합니다. 계획 대비 예산이 초과해 추가적인 검토 등으로 일정 지연이 발생한 프로젝트가 있었습니다. 직원들과 문제를 하나씩 점검하며 최적의 방안을 마련했고, 결국에는 처음 목표했던 일정보다 더 나은 결과를 만들었습니다. 사소한 것이라도 실행을 하는 것과 하지 않는 것에는 큰 차이가 발생합니다.

리더가 말만 하고 행동하지 않으면 직원들은 금세 알아차립니다. 반대로 리더가 실행에 나서면, 조직 전체도 따라 움직입니다. 완벽한 계획을 기다리다가 기회를 놓치는 것보다, 불완전해도 시작하는 것이 더 큰 가치를 창출합니다.

아이디어가 좋은지 나쁜지는 실제로 실행해보기 전까지는 알 수 없습니다. 실행 과정에서 발견되는 문제점이 오히

　팀을 이끄는 기술, 리더의 핵심 역량

려 더 나은 개선 방향으로 이어지기도 하기 때문입니다. 실패를 두려워하지 않고 실행에 나서는 것, 그것이 리더가 가져야 할 가장 중요한 자세입니다.

동료와 후배 리더들에게 당부하고 싶은 말이 있습니다. "회의실에서 멋진 아이디어 내는 것에 만족하지 말고, 아이디어를 현실로 만드는 실행의 리더가 되어야 한다."

작은 것부터 꾸준히 실행하기 바랍니다. 실행만이 우리를 진정한 리더로 만들어줍니다. 생각은 누구나 할 수 있지만, 실행은 리더만이 할 수 있는 특별한 능력입니다.

김 코치의 실천 한 마디

완벽한 계획을 기다린다는 것은 실행을 미루는 핑계일 뿐입니다. '일단 해보자'는 마음가짐으로 작은 것부터 시작해보세요. 회의에서 나온 아이디어 중 가장 간단한 것 하나를 다음 주까지 실행해보는 습관을 만들어보세요. 실행 과정에서 나타나는 문제를 해결해나가는 것 또한 조직의 역량을 키우는 방법입니다. 리더가 먼저 '작은 실험'을 허용하면 조직원들도 자연스럽게 실행하는 문화에 동참하게 됩니다. 실행력의 핵심은 속도가 아니라 지속성입니다. 매일 조금씩 앞으로 나아가는 것이 중요합니다.

연결자

서로 다른 관점과 역량의 만남

안승호

조직의 내부 자원의 효과적 "연결"은 중요한 경쟁 우위 요소가 됩니다. 하버드 경영대학원의 린다 힐 교수는 현대 리더의 핵심 역할을 '연결자(Connector)'로 정의했습니다. 그는 조직과 조직 사이, 조직과 개인 사이에 존재하는 다양한 전문성과 관점을 연결하여 집단지성을 창출하는 리더십의 중요성을 강조했습니다. 그러나 현실에서는 여러 많은 장벽이 연결을 가로막고 있습니다.

먼저, 사일로 문화의 심화입니다. 그동안 조직 간 사일로 해소를 위해 다양한 노력이 전개되어 왔으나, 코로나19 팬데믹 이후 정서적 사일로 현상은 오히려 고착화되었습니다. 표면적으로는 드러나지 않지만, 구성원들 사이에는 정보 공유에 대한 근본적인 저항이 존재합니다. 자신의 역할 축소로 이어질 것이라는 제로섬 사고 때문에 그렇습니다. 과거에는 자신이 갖고 있던 정보와 지식 그리고 경험이 특정 권위로 인식될 때도 있었습니다. 하지만 이제는 엄청나게 쏟아지는 정보량 때문에 개인이 이를 보유한다는 것 자체가 큰 의미가 없습니다. 오히려 여러 사람과 나누고 시너지를 내는 게 더 낫습니다.

다음으로 성과 평가 시스템의 문제입니다. 단기 성과 경쟁에만 매몰되면 자신의 부서 이익만 챙기기에 바빠, 협업 문화 정착이 어렵습니다. 평가와 보상 시스템이 공정하게 뒷받침되어야 진정한 변화가 가능합니다.

시스템은 바꾸고 개선하면 됩니다. 제도의 개선은 리더가 아니더라도 누군가 할 수 있습니다. 하지만 사일로 문화를 바꾸는 것은 시스템의 변경만으로는 한계가 있고, 리더십을 발휘해야 할 문제입니다. 사일로만큼은 리더의 역할(연결자의 역할)로 해소하는 고민을 해야 합니다.

제일 먼저, 리더는 다른 조직과 협업을 하고 시너지를 발휘할 경우 어떤 가능성이 만들어지는지 설명하고, 지원 방안을 고민해야 합니다. 필요할 경우 해당 조직 리더에게 직접 연락하여 오프라인에서의 실질적 논의와 구체적 실행을 지원하는 스폰서십을 발휘해야 합니다.

연결의 이득에 대해서도 자주 말해야 합니다. 정보 공유를 하게 되면 불필요한 내부 비용을 줄일 수 있고, 중복 투자의 비용도 줄일 수 있습니다. 조직간 경쟁이라는 무형적 비용도 없앨 수 있습니다. 개인적으로는 역량의 다면적 발휘와 성장의 기회도 얻을 수 있습니다. 타 부서에도 일 잘하는 사람으로 자신을 알릴 수도 있습니다. 이러한 연결의 이득을 알리는 일을 리더가 해야 합니다.

밀물과 썰물이 바다에서 만나 풍성한 어장을 형성하듯, 서로 다른 관점과 역량의 만남은 조직에 풍부한 가치를 창출합니다. 리더는 연결자의 역할을 통해서 조직 전체의 잠재력을 현실화하는 역량을 발휘할 수 있습니다.

김 코치의 실천 한 마디

정보를 독점하려는 순간 리더십은 퇴보합니다. 내가 알고 있는 것을 누구와 나눌 수 있을까를 자주 생각해보세요. 매주 한 번씩 다른 부서와 연결될 작은 기회를 만들어보는 것도 좋습니다. 예를 들어 "이 프로젝트 결과가 마케팅팀에게도 도움이 될 것 같은데 공유해볼까요?"라고 제안부터

  팀을 이끄는 기술, 리더의 핵심 역량

시작하는 것입니다. 연결자 리더의 핵심은 다리 놓기입니다. 두 팀이 만날 수 있도록 자리를 마련하고, 서로의 니즈를 연결해주는 역할에 집중하세요. 작은 연결이 큰 시너지를 만든다는 것을 팀원들이 경험할 수 있도록 도와주세요.

가스라이팅으로 변질될 위험

이용정

약 15년 전, 매일 밤을 새워가며 업무를 하던 견적팀 시절의 일입니다(제가 팀원이었던 때입니다). 매일 야근하는 팀원들이 안쓰러웠는지 팀장님은 사기를 북돋워 준다고 제안 하나를 했습니다.

"다들 야근하느라 너무 힘들지? 자, 모두 하던 일 중단하고 나가서 맥주나 한잔하며 스트레스를 풀자고! 어이 김대리! 팀장이 하는 말 안 들리니? 오늘은 여기까지만 하고 나가서 스트레스 풀자니까."

그리고는 모든 팀원을 이끌고 호프집으로 갔습니다. 그곳에서 팀장님은 과거 사원이나 대리 시절 지금보다 훨씬 더 힘들게 밤새워가며 일해서 입찰을 따냈다는 영웅담을 끝없이 풀었습니다. 아마도 함께 일하는 직원들에게 더 힘들었던 시절의 이야기를 하면, 좀 더 위안이 될 것으로 생각했던 것 같습니다. 물론 몇몇 팀원은 맞장구를 쳐주며 재미있게 듣기도 했지만, 또 몇몇은 일 더 시키려고 팀장이 저런다, 삐딱하게 보기도 했습니다. 팀장님은 우리에게 코칭을 한 것이지만, 누군가는 그것을 가스라이팅으로 해석했습니다.

좋은 의도로 시작한 코칭이라도 왜곡되고 오해를 불러일으키면 '가스라이팅'이 될 수 있습니다. 특히 조직에서는 코칭과 가스라이팅의 경계가 미묘해 자칫 갈등의 원인이 되기도 합니다.

처음에는 관심과 조언이지만, 그 농도가 짙어지고 횟수가 많아지면 점점 더 가스라이팅이 됩니다. 직원의 행동 변화를 촉진하고 결과를 지향한다는 점에서는 코칭과 가스라이팅은 언뜻 비슷해 보이지만 실제로는 매우 큰 차이를 갖고 있습니다.

코칭의 핵심은 직원이 자신의 잠재력을 스스로 발견하고 이를 성장과 성과로 연결하도록 옆에서 돕는 것입니다. 그러기 위해서는 존중과 신뢰에 기반을 둔 대화와 질문, 경청을 요구합니다. 반면, 가스라이팅은 직원의 자율성을 억누르고 말하는 이의 의도에 맞게 대화를 조작하는 시도를 담고 있습니다. 비난과 조롱, 불안 조성 등으로 자신감을 저하시키고, 결국 팀원을 압박하는 메시지가 됩니다.

코칭이 가스라이팅으로 변질될 위험을 최소화하려면 다음의 것들이 중요합니다. 첫째, 진심 어린 질문과 경청을 사용하는 것입니다. 지시는 줄이되 대화를 늘리고 직원의 어려움에 관심을 기울이는 것입니다. 작은 불편이라도 귀 기울이는 태도가 중요합니다. 둘째, 감정과 상황을 이해하고 자율성을 인정하는 것입니다. 압박을 최소화하고, 팀원이 스스로 문제를 정의하고 해결 방법을 찾도록 지원하는 방법입니다. 셋째, 명확한 기대와 지원 구조를 설계하는 것입니다. 구체적인 목표를 함께 만들고, 필요한 자원과 지원을 명확히 제시해, 팀원이 안정감을 느끼도록 하는 것입니다. 이중 어느 하나라도 준비된 상태에서 코칭을 진행해야 가스라이팅이 되지 않고 팀원들의 성장을 지원하는 코칭이 됩니다.

코칭이 아니라 가스라이팅을 하는 리더에게서는 '불안'이라는 정서를 발견할 수 있습니다. 리더는 성과에 대한 압박을 누구보다 크게 느끼고, 팀을 잘 관리해서 성과를 이끌

 팀을 이끄는 기술, 리더의 핵심 역량

어야 한다는 책임을 갖고 있기 때문입니다. 압박이 심해지고, 책임을 크게 느끼기 시작하면 어쩔 수 없이 마음이 불안해집니다. 그게 심해지면, 의도치 않게 자신의 긴장과 불안을 직원들에게 전가하기도 합니다. 코칭으로 가장한 통제와 조작을 시도합니다.

"내가 이렇게 힘든데, 너는 더 해야 하지 않겠니?", "이건 너를 위한 일이야", "이 일에 반드시 성공해야 진짜 네 실력이 되는 거야", "이걸 해내지 못하면 앞으로 살아남기가 힘들어".

그리고 회사생활을 하다 보면, 동료와 경쟁하는 관계가 될 때도 있습니다. 특히 진급 시기가 다가오면 상당히 민감해집니다. 이는 선후배 사이, 팀장과 팀원 사이에서도 발생합니다. 코칭을 해야 하는 선배 리더지만 후임이나 부하가 일을 잘해 더 나은 인정을 받고 자신의 자리까지 뺏을까 불편한 마음이 든다면, '진정성 있는 코칭'이 일어나기가 어렵습니다. 리더의 내면에 '너는 나만큼, 혹은 나보다 더 잘하지 않았으면 좋겠어'라는 생각이 자리한다면, 호의와 지원은 겉돌게 됩니다. 코칭을 받는 후배 팀원도 이를 충분히 감지해 냅니다.

때로는 리더 자신이 이런 상황을 스스로 인지하지 못하

는 경우도 있습니다. 저도 갈등이 폭발하고 나서야 '아! 내 속에 경쟁 심리가 갈등 상황을 만들고 있었구나'하고 스스로를 돌아본 적이 있습니다. 이때는 코칭에 집착하기보다는 과감히 거래적 리더로 변신해서 평가와 보상에만 집중하거나 자유방임형 리더로 변신해서 '알아서 성과를 만들어보라'며 책임과 권한을 이양하는 태도를 보여주는 것이 더 낫습니다.

리더라면 후배와의 대화에서 나는 코칭을 하고 있는지, 혹은 가스라이팅을 하는 것은 아닌지, 항상 의심하고 주의해야 합니다.

김 코치의 실천 한 마디

많은 리더들이 코칭 스킬과 기법에만 집중하다가 정작 가장 중요한 것을 놓치곤 합니다. 바로 팀원과의 관계입니다. 과도한 경쟁심이나 불편한 감정이 있는 상태에서는 아무리 훌륭한 코칭 기법을 사용해도 가스라이팅으로 받아들일 수 있습니다. 코칭은 만능 해결책이 아닙니다. 진정성 없는 억지 코칭보다는 솔직하고 일관성 있는 리더십이 팀원들에게 더 큰 신뢰를 줍니다.

     팀을 이끄는 기술, 리더의 핵심 역량

리더의 위기관리

리더의 위기관리

리더의 진짜 모습을 드러내는 시험대

이상민

몇 년 전 진행했던 큰 프로젝트를 돌이켜보면, 당시 가장 중요하고도 잘했던 일은 기술적인 문제 해결만큼이나 극한의 스트레스 상황에서 사람들의 마음을 지켜준 일이었습니다.

국내에는 없는 기술을 활용해서 새로운 부품을 개발하여 최고급 차종에 적용해야 하는 프로젝트를 진행했습니다. 개발 초기부터 계속해서 문제가 발생했고, 하나를 해결하면 또 다른 문제가 발생하는 등 마음 편히 진행되는 게 하나도 없었습니다.

'개발 일정 내에 양품이 나올 수 있을까?', '양산이 가능

할까?' 너무나 걱정이 큰 상황의 연속이었습니다. 담당 팀원들과 협력사 담당자들 모두 1년 이상 야근에 시달렸고, 주말도 없이 근무하며 체력적으로도 정신적으로도 너무나 지쳐있는 날이 이어졌습니다. 모두가 엄청난 스트레스 속에서 허덕였습니다.

이때 제가 가장 우선으로 생각했던 것은 함께 고생하는 사람들이 지치지 않고 끝까지 버틸 수 있도록 돕는 것이었습니다. 문제 자체를 해결하는 것도 중요하지만, 그보다 더 중요한 것은 사람들의 의지와 에너지를 보호하는 것이었습니다. 그래서 위기 상황임에도 의도적으로 여유를 만들려고 노력했습니다.

밤늦게 일하는 팀원들에게 간식을 챙겨주거나 짧은 시간이라도 함께 식사하며, 그들의 고민을 들어주었습니다. 때로는 업무와 전혀 상관없는 이야기를 나누며 잠시나마 긴장을 풀 수 있도록 했습니다. 질책과 지시보다 잠시나마 여유 시간을 가지도록 치킨 쿠폰을 보내고 "힘내라" 격려 문자를 보냈습니다. 협력사 담당자들에게도 마찬가지로 식사 대접을 하고, 그들의 노력을 인정하고 응원을 보냈습니다. 당장의 문제 해결에는 직접적인 도움이 안 될 수도 있지만, 마음의 여유를 잃지 않고 계속 앞으로 나아갈 힘을

　　　　　　　　　　리더의 위기관리

주었다고 생각합니다.

이 과정에서 특히 인상 깊었던 것은 팀뿐만이 아니라 협력사 직원까지도 하나의 공동체로 여기고 함께 챙겼을 때 나타난 변화였습니다. 처음에는 서로 다른 회사 소속이라는 벽이 있었지만, 그들을 제 팀원처럼 대하는 순간, 외부 협력사가 아닌 진정한 파트너로서 책임감을 가지고 프로젝트에 임하는 모습을 보여주었습니다. 하나의 프로젝트를 위한 원팀이었습니다.

이런 경험을 통해 깨달은 것은 리더의 포용력이 단순히 좋은 사람이 되기 위한 덕목은 아니라는 것입니다. 포용력은 어려운 상황에서 사람들을 하나로 묶고, 각자의 최선을 끌어내는 실질적인 리더십 도구입니다. 특히 위기 상황일 때 사람들 마음을 하나로 모으는 것만큼 중요한 것은 없습니다.

프로젝트가 성공적으로 마무리된 후에도 함께했던 사람들과는 끈끈한 관계가 계속해서 이어지고 있습니다. "그때 정말 힘들었지만 함께여서 버틸 수 있었다"라고 회상을 나눌 때, 리더십의 의미를 다시금 되새깁니다.

후배 리더들에게 전하고 싶은 것은 어렵고 위태로운 상황일수록 더 넓은 마음으로 사람들을 품으라는 것입니다.

당장의 성과와 문제 해결도 중요하지만, 사람들의 마음을 잃어버린다면, 결국 지속 가능한 성공을 이룰 수 없습니다. 진정한 포용력은 약함이 아니라 강함이며, 강함이 위기의 순간에 팀을 하나로 묶는다는 사실을 잊어서는 안 됩니다.

위기는 리더의 진짜 모습을 드러내는 시험대입니다. 구성원을 먼저 생각하고 품을 수 있는 리더만이 진짜 신뢰를 얻을 수 있습니다. 그리고 그렇게 만들어진 신뢰는 어떤 어려움도 극복할 수 있는 힘이 됩니다.

김 코치의 실천 한 마디

많은 리더들이 위기 상황에서 포용력을 발휘하는 것을 '시간 낭비'나 '감정적 대응'으로 여기지만, 실제로는 가장 전략적인 선택입니다. 스트레스 상황에서 사람들의 인지적 자원은 급격히 고갈되는데, 리더의 작은 배려는 이를 회복하도록 돕는 '에너지 충전소'의 역할을 합니다. 15분의 따뜻한 대화가 세 시간의 생산성을 되살릴 수 있습니다. 협력사까지 포함한 포용은 단순한 친절이 아니라 '리더십 생태계'의 실천입니다. 경계를 넘나드는 포용력을 보여준 리더는 위기 이후에 더욱 강력한 네트워크와 신뢰 자산을 가지게 됩니다. 위기 때 베푼 따뜻함은 평생 이어지는 동반자

 리더의 위기관리

관계로 돌아온다는 것을 유념하기 바랍니다.

최훈영

신임 리더 시절, 저는 완벽한 모습만 보여야 한다고 생각했습니다. 실수나 판단 착오는 최대한 숨기고, 성공 사례만 부각하는 것이 리더의 역할이라고 믿었습니다. 하지만 몇 년 전 중요한 해외 프로젝트의 마무리 단계에서 "실패를 드러내야 모두가 배운다"는 것을 배웠습니다.

그때의 경험 이후, 한 직원이 프로젝트 중간에 심각한 실수를 저질렀을 때 좀 나르게 접근해보았습니다. 과거의 저라면 그 직원을 조용히 불러 문제를 해결하고 다른 사람들에게는 알리지 않았을 것이지만, 이번에는 조직 회의에서 실수를 공개적으로 다루되, 비난이 아닌 학습의 관점에서 접근했습니다. 실수의 원인을 분석하고, 유사한 문제를 예방할 수 있는 방안을 함께 고민했습니다. 그 이후부터 직원들은 자신의 어려움과 실수를 솔직하게 드러냈습니다. 이는 창의성과 실험정신, 책임감 있는 소통을 키우는 조직의 토양이 되었습니다.

사실 과거 다른 조직에서 일할 때는 오히려 반대의 경험을 한 적이 있습니다. 그때의 조직은 철저히 성과 중심이었고, 실패나 문제를 절대 드러내지 않는 문화를 갖고 있었습니다. 표면적으로는 모든 것이 완벽해 보였지만, 잘못된 데이터를 바탕으로 한 의사결정, 왜곡된 보고로 인한 판단, 보여주기식 성과에 매몰된 업무 방식 등 결국 조직은 몇 년 후 더 큰 위기를 맞았습니다. 그리고 누적된 문제들도 한꺼번에 터져나왔습니다. 문제없는 척하는 조직에서는 학습이 멈추고, 더 큰 실패로 이어질 수 있다는 것을 생생하게 목격했습니다.

지금 우리 조직은 매주 양산/신규 프로젝트를 중심으로 주요 현안 공유회를 진행하고 있습니다. 실패나 어려움을 공유하고 그로부터 얻은 교훈을 나누고 있습니다. 사전 검토 미흡, 적용 공법/공정 시행착오, 공정/부품 품질 문제, 부문 간 갈등 등을 거침 없이 구체적으로 얘기하고 있습니

다. 처음에는 이런 얘길 해도 되나 하는 표정으로 다들 주
저하는 모습이 있었지만, 리더인 제가 솔직하게 이야기를
시작하자, 자연스럽게 눈치 보지 않고 의견을 개진하는 분
위기로 바뀌었습니다.

우리는 완벽하지 않으며, 성장을 위해서는 실패도 반드
시 경험한다고 생각합니다. 용기를 내어 여러분의 실패를
공유해보기 바랍니다. 처음에는 어색하고 부담스러울 수
있습니다. 하지만 작은 용기가 조직 전체의 학습 문화를 만
들고, 결국 더 큰 성공으로 연결됩니다.

실패를 감추지 않고 투명하게 공유함으로써 조직 전체
의 학습과 성장의 기회를 만드는 것, 그리고 실패를 두려움
이나 부끄러움이 아닌 자산으로 전환하는 것, 이 일이 리더
로서 얼마나 중요하게 해야 하는 일인지, 여러분도 곧 경험
하게 될 것입니다.

김 코치의 실천 한 마디

과거 리더들은 실패를 공개하면 권위가 떨어진다고 걱
정했지만, 실제로는 정반대입니다. 실패를 투명하게 공유
하는 리더는 조직에 '심리적 안전망'을 깔아주어 구성원들
이 혁신적 시도를 할 용기를 갖게 합니다. 실패 공유의 진

정한 힘은 개별 문제의 해결이 아니라 조직 전체의 '학습 근육'을 키우는 데 있습니다. 워크숍이나 중요 회의에서 맨 앞 시간을 자신의 '실패 공유 시간'으로 진행하세요. 리더가 먼저 자신의 판단 착오나 시행착오를 솔직하게 이야기할 때, 더 강한 조직이 만들어집니다.

유연한 리더십이 견고한 실력으로

이용정

제가 신입사원으로 처음 근무했던 청주 공사 현장에서 고속도로 하부의 터널을 뚫던 중 땅 함몰 현상이 발생한 적이 있습니다. 시간이 갈수록 침하 현상이 더 심해지면서, 현장에는 긴장감이 팽배했습니다. 인근에서 근무하던 엔지니어들과 현장 반장이 달려와 머리를 맞대고 여러 대응책을 논의했으나 최적의 방안을 결정하지 못하고 있었습니다. 그러던 중 현상소장님이 함몰 현장에 도착했습니다. 간략하게 상황을 보고받은 소장님은 신속히 경찰서 및 관계 기관에 도로 통제 협조를 구하고, 차량 통제를 명령한 다음, 즉각 콘크리트 업체의 납품을 요청해 함몰 구역의 타설에 나섰습니다. 빠른 의사결정으로 성공적으로 함몰된 지역을 안정화할 수 있었습니다.

사실, 평상시 소장님은 직원들을 만나면 업무 관련 지시는 "잘되고 있지?" 한마디뿐이었고, 직원들이 "네, 잘되고 있습니다"라고 답변하면, 그저 고개를 끄덕이면서 부동산 문제나 가족의 안부 등 신변 잡기적인 이야기를 하던 분이었습니다. 그래서 위기 상황에서 그렇게 초고속으로 상황 판단을 하고 빠르게 업무 지시를 하리라고는 상상도 하지 못했습니다. 만약 소장님의 빠른 대응이 없었다면 더 큰 싱크홀 사고로 이어졌을지도 모릅니다. 직원들은 소장님의 현명하고 발 빠른 대처에 감탄하며, '카리스마 있는 리더'로 다시 보았습니다.

다른 상황에서의 리더십 유형도 살펴보겠습니다. 경쟁 입찰에서는 무조건 프로젝트를 따야 하고, 그러기 위해서는 효율적이고 결과 지향적인 접근이 필수입니다. 정답을 정해 놓고 달성 여부를 따지는 것이 아니라, 다른 회사보다 더 높은 수준의 제안서를 제출해야 하는 경쟁이기 때문에, 여러 사람이 밤을 새워가며 가격과 기술제안서의 경쟁력을 높이고자 노력합니다.

약 15여 년 전쯤 해외 공사 수주 확대를 위하여 4년 동안 연속해서 많은 공사 입찰에 참여하던 시기가 있었습니다. A 프로젝트의 입찰을 담당하던 A 팀장은 팀원들에게 야근을 요구하며 높은 수준의 입찰서 완성을 독려했습니다. 그는 틈틈이 회식도 하면서 직원들을 달랠 요량으로 입찰 성공시 직원들 고생을 외면하지 않겠다고 약속했습니다.

"공사 입찰은 무한경쟁이고 우리 회사는 이번 프로젝트를 꼭 수주해야 하니 여러분이 힘들더라도 야근을 계속하면서 최대한 모든 시간과 노력을 기울여 완벽한 입찰제안서를 만들어야 합니다. 우리가 만든 성과가 회사를 발전시킬 수 있을 테니까요. 다만 일하다가 너무 힘들고 쓰러질 것 같으면 저에게 이야기해 주세요."

반면, B 프로젝트의 입찰을 담당했던 B 팀장은 전혀 다른 방식으로 업무 지시를 했습니다. 야근을 허용하지 않았고, 업무 시간 내에 최대한 효율적으로 성과를 내야 한다고만 지시했습니다. 사소한 문제에 시간을 낭비하면 안 된다고 강조하면서, 핵심 업무에 더 강도 높게 집중해 달라고 요구했습니다. 인간적인 유대보다는 효율적인 업무 집중만을 강조했습니다.

"입찰은 무한경쟁이지만 밤새워 가면서 일하는 건 시대적 트렌드와 맞지 않습니다. 그리고 매일같이 근무시간 외

야근을 한다는 것은 업무 시간 중에 할 수 있는 일을 충분히 집중해서 하지 않았다는 것의 방증이니 반드시 업무 시간 중에 완벽한 입찰제안서 준비를 끝내세요. 야근은 인정하지 않겠습니다."

두 팀의 입찰 결과는 어땠을까요? 다행히도 두 팀 모두 좋은 성과가 나왔습니다. 폭풍 같던 연속 입찰의 시기가 지나고, 어떤 팀원은 A 팀장이 훌륭한 리더라고 했고, 어떤 팀원은 B 팀장이 훌륭한 리더라고 이야기했습니다. 직원마다 함께 일하고 싶은 팀장이 서로 달랐습니다.

이처럼 리더십 유형은 다양하고 이를 받아들이는 직원들의 의견도 제각각입니다. 다양한 상황에서 요구되는 리더십 스타일은 고정되지 않은 채 끊임없이 변화합니다. 항상 같은 리더십을 유지해야 하는 것도 아니고 경우에 따라서는 A 팀장과 같은, B 팀장과 같은 리더십을 발휘해야 할 때도 있습니다. 어떤 구성원들이 일하고 있는지, 어떤 외부 환경을 가졌는지, 어떤 기술 역량을 가졌는지에 따라, 리더는 전혀 다른 리더십을 발휘해야 합니다.

'창의적인 리더십'은 독창적인 아이디어와 혁신적인 접근이 필요한 순간에 필수적입니다. '단호한 지시형 리더십'은 매뉴얼과 절차를 강력하게 밀고 나가야 하는 긴박하거나 구조적인 상황에서 요구됩니다. '빠른 의사결정형 리더십'은 한 치의 실수도 용납될 수 없는 프로젝트에서 효율적이고 명확한 판단을 내릴 때 필요합니다. '비전형 리더십'은 팀 전체를 하나로 묶어 공동의 목표를 향해 나아가게 할 때, 조직의 목표가 모두에게 공유되도록 할 때 필요합니다.

다양한 리더의 모습은 회사에 생명력을 불어넣어 줍니다. 리더는 팀 구성원의 특성과 내외부 환경에 맞추어 본인의 리더십 스타일을 바꾸는 노력을 적극적으로 해야 합니다. 특히 위기 상황에서의 리더십은 더더욱 변주가 필요합니다. 평소에는 털털한 모습만 보이던 현장소장님이 위기 상황에서 강력한 카리스마를 보여준 리더십은 "유연한 리더십"의 전형적인 모습입니다. 친근한 형처럼 잘 대해주다가도, 위기가 발생했을 때에서는 무서울 정도로 원리원칙을 보여주는 리더십 역시 유연한 리더십의 모습입니다.

유연한 리더십이 비즈니스에는 견고한 실력을 발휘한다는 사실을 잊어서는 안 됩니다.

김 코치의 실천 한 마디

리더십에는 정답이 없습니다. 같은 리더가 상황에 따라 '불통 소장'에서 '카리스마 소장'으로 평가가 바뀔 수도 있습니다. 중요한 것은 '지금 우리 팀에게 필요한 리더십이 무엇인가?'를 되물어보는 것입니다. 나는 어떤 스타일의 리더인지 파악하되, 한 가지 방식만 고집하지는 마세요. 직원 리뷰나 간단한 조사를 통해서 매번 어떻게 리더십을 발휘하면 좋을지, 주기적으로 살피기 바랍니다.

솔선수범

가장 먼저 나서서 책임지는 사람

최훈영

철도 차량 생산이라는 분야에서는 작은 문제 하나가 심각한 인명 사고로 이어질 수 있음에 항상 유념하고 주의해야 합니다. 특히 안전과 직결되는 문제라면 경중을 떠나 매우 중요하게 다뤄야 합니다. 특히 리더가 확인된 문제를 두고서 어떤 자세를 취하느냐는 매우 중요한 위기관리 능력입니다.

가장 기억에 남는 경험은 2012년 미국 필라델피아 현지 공장에서 일할 때의 일입니다. 당시 한국에서 생산해서 보내온 2층 객차의 차체가 휘어지는 문제가 발생했습니다. 이 문제를 해결하기 위해 저는 누구보다 먼저 현장으로 달려갔습니다. 문제의 원인을 찾기 위해 직접 차체를 꼼꼼히 살펴보고, 생산 과정을 다시 점검했습니다. 그리고 관련 부서 담당자들과 회의를 열고, 해결 방안을 논의했습니다.

이 과정에서 느낀 것은 리더가 먼저 움직이는 모습을 보일 때, 직원들도 당황하지 않고 문제 해결에 적극 나서게 된다는 것입니다. 만약 제가 뒤에서 지시만 내리고 결과만 기다렸다면, 직원들은 갈피를 잡지 못하거나 소극적으로만 대응했을 것이고, 결과적으로 해결 또한 오래 걸렸을 것입니다.

생산 현장에서는 리더의 "솔선수범"이 더욱 중요합니다. 현장 직원들은 책상에 앉아서 보고서로만 상황을 파악하는 리더가 아니라, 직접 현장에 와서 눈으로 문제를 확인하고 함께 고민하는 리더를 볼 때 더 큰 신뢰를 보냅니다. 그냥 말로만 '해결해라'라고 하는 것이 아니라, 리더가 직접 움직이고 앞장서는 모습이 더 큰 울림을 주기 때문입니다.

순조로울 때는 누구나 리더의 역할을 잘 할 수 있습니다. 하지만 진짜 리더는 불확실하고 위태로운 순간에 자신의 능력을 발휘합니다. 어려운 문제 앞에 먼저 나서는 태도는 단순히 용기 있는 행동이 아니라, 조직을 지키고 리더로서의 신뢰를 구축하는 핵심적인 자질입니다. 이런 리더십이 지속할 때 문제에 강하고 변화에 유연하게 대응하는 조직이 됩니다.

직원은 리더의 행동을 보고 책임감과 문제 해결에 대한 올바른 접근 방식을 배웁니다. 문제를 회피하지 않고 적극적으로 마주하는 문화가 조직 전체로 자리 잡으려면, 리더가 보여주는 책임감과 주도적 태도가 강력한 학습 효과의 역할을 합니다.

진짜 리더는 문제를 피해 숨는 사람이 아니라, 가장 먼저 나서서 책임지는 사람이라는 것을 잊지 말아야 합니다.

김 코치의 실천 한 마디

"이번 문제는 제가 최종적으로 책임을 지겠습니다. 여러분은 해결에만 집중해 주세요."라는 메시지를 전달하면, 직원들은 불안 대신 해결 의지에 집중할 수 있습니다. 그런 다음, 문제가 일단락되면 원인과 대응 과정을 돌아보는 회의를 열어 "앞으로 같은 문제가 발생할 때, 어떻게 하면 더 잘할 수 있을까?"를 함께 정리합니다. 문제가 발생했을 때 회의실에 앉아 보고만 받지 마세요. 먼저 팔을 걷어붙이고 움직이는 모습이 팀원들에게 자극과 깨달음을 줍니다.

공동 운명체

평가 점수에 연연하지 마라

이용정

 공사 현장은 원가절감을 통한 실적 개선을 절체절명의 과제로 여깁니다. 과거 제가 현장소장으로 발령받은 한 현장은 예산도 넉넉한 편은 아니었고, 그래서인지 공사 일정도 지연되어 본사에서 걱정을 많이 하던 곳이었습니다.

 일단 저는 예산 절감을 하고자 현장 직원들에게 공사용 가설 자재들을 추가로 구매하지 말고, 아이디어를 내서 기존에 있던 것을 잘 활용하여 공사할 것을 입버릇처럼 얘기했습니다. 그리고 자재의 추가 구매가 필요하다는 결재가 올라오면, 해당 직원을 불러 왜 필요한지 어떻게 아껴 쓸 것인지를 따져 묻고 설명이 완벽하지 않은 경우에는 승인을 하지 않는 등 강도 높은 원가절감 노력을 했습니다.

다행히도 현장 전체로 가설 자재를 아껴쓰는 분위기가 조성되어 큰 탈 없이 성공적으로 예산 절감을 하기는 했지만 직원들은 남는 자재를 찾아다니느라 스트레스가 무척 심했습니다. "너무 쥐어짜니까 공사하기가 너무 힘듭니다." 이렇게 하소연하는 직원도 많았습니다. 그때마다 저는 "예산 상황이 좋지 않으니, 이해를 해달라. 불편해도 좀 더 아끼고 효율적으로 일해 보자."라며 양해를 구했습니다. 하지만 말로만 하는 위로로는 충분하지 않았을 것입니다. 결국 그해 우리 현장의 조직 문화 진단 결과는 하위 10% 수준으로 나왔고, 저는 의사소통이 안 되는 불통 소장이라는 평가를 받았습니다.

그 다음 해에는 사정이 좀 나아졌습니다. 현장의 요구 사항을 좀 더 반영할 수 있었고, 자재 수급도 원만해졌으며, 현장 운영도 좀 더 유연해졌습니다. 본사에서도 현장 운영이 잘 되고 있다고 평가했고, 직원들의 만족도도 높았습니다. 그해 조직 문화 진단 결과는 상위 20% 수준을 받았습니다. 1년 사이에 약 70%나 급상승한 것입니다.

사실 두 해 동안 저의 리더십이나 직원들을 대하는 태도가 크게 바뀐 것은 없습니다. 단지 현장 여건이 바뀐 것일

 　　　　　　　　　　　　리더의 위기관리

뿐입니다. 결과적으로 보게 되면, 개인이 느끼는 스트레스 강도가 조직 문화 진단에 크게 영향을 준 것입니다.

직원들의 어려움에 공감하는 리더라도 주위 여건이나 상황이 어려울 때면, 어쩔 수 없이 싫은 소리를 해야할 때가 있습니다. 이때의 한마디가 구성원들에게는 부담이 되지 않을 수 없습니다. 반면, 현장 여건이 좋아지고 좀 더 안정적이 되면, 현장에서 느끼는 조직 문화는 좀 더 긍정적으로 바뀌게 되고, 직원들에게 하는 잔소리가 줄어들면서 리더십 역량 평가도 좋아집니다.

우리 회사의 많은 현장소장들이 어렵고 힘든 상황에서 프로젝트를 이끌어 갑니다. 40도가 넘는 뙤약볕 아래에서 일해야 하는 중동 열사의 현장에서부터, 비행기를 세 번이나 갈아타고 이틀에 걸쳐서 가야 하는 남미 오지의 현장까지. 근무 여건과 업무 환경은 매번 어렵습니다. 이때 필요한 리더십은 그저 묵묵히 이해하고 일해 달라고 말하는 것이 아니라 불완전한 상황 속에서 서로 존중하며 어렵게 버텨내는 공동 운명체의 과정을 설계하는 것입니다.

리더십조차도 근무 여건이나 환경에 따라 얼마든지 다르게 해석될 수 있는 만큼, 평가 점수에 연연하기보다 나의 리더십이 공동의 가치를 절대 목표로 하고 있는지, 나의 이

기심이 섞여 있지는 않은지, 차분히 돌아보는 것이 중요합
니다. 어려운 말이고, 실천하기 어려운 것임이 분명하지만,
리더는 이상적인 공동의 가치를 향해 도전해야 합니다. 단
기적으로 구성원들의 공감을 얻지 못하더라도 너무 섭섭해
하거나 힘들어하지 않았으면 합니다. 이 또한 리더 자신에
게 찾아온 위기를 관리하는 능력입니다.

김 코치의 실천 한 마디

어려운 상황일수록 구성원들과 현실을 투명하게 공유하
고, 함께 해결책을 모색하는 참여적 접근을 택하세요. '우리
가 지금 어떤 상황에 있고, 어떤 제약이 있으며, 어떻게 헤
쳐나갈 것인가'를 솔직하게 논의하는 것입니다. 주간 미팅
에서 15분 정도 현실 점검을 통해 어려움을 공유하되, 반드
시 작은 성과나 개선 사항도 함께 인정해주세요. 일부 제약
상황에서 구성원이 선택권과 자율성을 느낄 수 있도록 '어
떻게 할 것인가'의 방법론을 주도하도록 도와주세요. 리더
는 방향과 지원에 집중하는 겁니다. 아울러 스트레스가 높
은 시기에는 업무 외적인 소소한 배려(간식 제공, 휴식 공간
마련 등)를 통해 '당신을 신경 쓰고 있다'는 메시지를 전하
는 것도 중요합니다.

리더의 지속 가능한 성장

리더의 지속 가능한 성장

31년 전, 나의 사수

윤태종

직장 생활을 하면서 정말 많은 사람을 만났습니다. 동료도 있고, 상사도 있고, 후배도 있습니다. 그런데 그중에서 정말 오랫동안 마음으로 연결된 사람은 몇 명이나 될까요? 생각해보면 손에 꼽을 정도입니다.

제가 울산에서 시설부 신입사원으로 첫 직장 생활을 시작했을 때, 저를 가르쳐 주던 사수분이 있습니다. 저에게는 오랫동안 마음으로 연결된 분입니다. 그분과의 인연은 벌써 31년째입니다. 지금도 자주 연락하며 서로의 근황을 나누고, 필요할 때마다 조언을 구하는 소중한 관계를 유지하고 있습니다.

처음 회사에 들어갔을 때의 두려움과 설렘을 지금도 생생히 기억합니다. 모든 것이 낯설고 어색했던 그때, 제 사수는 단순히 업무만 가르쳐 주지 않았습니다. 직장인으로서 어떤 마음가짐을 가져야 하는지, 동료와의 관계를 어떻게 맺어야 하는지, 심지어 인생을 어떻게 살아야 하는지도 알려주었습니다. 그분은 까다로운 기술적 문제를 해결할 때도, 동료와의 갈등 상황에서도, 항상 차분하고 원칙적인 모습을 보여주었습니다. 제가 실수했을 때는 눈물이 찔끔 흐를 정도로 혼이 나기도 했지만, 후배를 진심으로 아끼는 마음도 느낄 수 있었습니다.

그동안 서로 다른 길을 걸어왔고, 각자의 자리에서 성장해왔지만, 여전히 서로를 챙기고 있습니다. 31년이 지난 지금 돌이켜보면, 그분으로부터 받은 것이 얼마나 소중한 것인지 깊이 느끼게 됩니다. 무엇보다 '이런 사람이 되고 싶다'는 롤모델이나 멘토를 만난 것만큼 더 큰 행운은 없다고 생각합니다.

하지만 좋은 멘토를 만나는 것이 그저 운으로만 이뤄지는 걸까요? 아무리 좋은 스승도 배울 준비가 안 된 제자는 받지 않는다고 했습니다. 내가 받아들일 줄 모르고, 진정으로 그 사람을 존경하고 따르려는 마음이 없다면, 배우려는

　　　　　　　　　　　리더의 지속 가능한 성장

열린 마음을 갖지 않는다면, 내 인생의 동반자가 되어 줄 멘토는 나타나지 않습니다. 멘토링 관계는 일방적인 것이 아니라 서로에게 힘이 되는 상호 성장의 과정입니다. 즉 서로에 대한 신뢰와 존중이 있을 때 멘토와 멘티의 관계가 형성됩니다.

멘토는 반드시 직장 상사일 필요도 없고, 같은 분야에서 일하는 분일 필요도 없습니다. 인생의 여러 영역에서 존경할 만한 사람을 만나고, 때로는 나이가 적은 사람에게서도 배울 점을 찾을 수 있어야 합니다.

31년 전 인연이었던 나의 사수처럼, 이제는 제가 후배들에게 멘토가 되어야 할 시간입니다. 제가 경험했던 따뜻함과 가르침을 다음 세대에게 전달하는 것이 저의 역할이자 책임입니다. 30년 후에도 기억하고 찾아오는 든든한 사람이 되고 싶습니다. 여러분도 그런 리더가 되었으면 합니다.

김 코치의 실천 한 마디

직원들은 대개 멘토에게 명확한 답과 해결책을 기대하지만, 정작 성장은 스스로 질문하고 고민하는 과정에서 일어납니다. 좋은 멘토는 "이렇게 해라"보다 "왜 그렇게 생각해?"라고 물어주는 사람입니다. 멘토링의 진정한 성과는 멘티가 더 이상 멘토에게 의존하지 않고 스스로 판단할 수 있게 되는 순간에 나타납니다. 멘토링은 물고기를 주는 것이 아니라 낚시하는 방법을 함께 터득해가는 여정입니다. 오늘부터 후배에게 답을 주기보다는 더 좋은 질문을 하는 멘토가 되어보길 바랍니다.

리더의 지속 가능한 성장

한 사람이라도 더 성장시킨다

최훈영

오늘의 정답이 내일의 오답이 될 수 있는 불확실한 시대에 살고 있습니다. 여러 해 동안 조직을 이끌며 경험한 바로는, '학습하는 리더'가 조직에 미치는 영향이 생각 이상으로 중요하다는 것입니다.

저는 새로운 분야나 주제의 세미나에 참석한 다음에는 그 내용을 조직내에 꼭 공유합니다. 제가 몇 번 그렇게 했더니, 직원들도 자연스럽게 자신들의 학습 경험을 나누기 시작했습니다. 내가 학습한 지식을 직원들과 공유하고, 그들의 성장을 돕는 교육자의 역할을 함께 수행해야 의미가 생깁니다. 그렇지 않고 지식을 독점하거나 직원의 학습을 방해한다면, 그것은 조직의 지속 가능한 발전을 저해하는 행위가 됩니다.

새로운 것을 배운다는 것은 자신의 무지를 인정하는 겸손한 행위이며, 동시에 변화에 맞서는 용기 있는 선택입니다. 또한 가르친다는 것은 자신의 지식에 대해 책임감을 갖는 것이며, 타인의 성장을 위해 시간과 노력을 투자하는 이타적인 행동입니다. 가르침은 단순히 정보를 전달하는 것이 아니라, 직원들 스스로 생각하고 문제를 해결할 수 있는 능력을 기를 수 있도록 돕는 것입니다.

실제로 몇 년간 직원들에게 저의 경험과 노하우를 전수하는 과정에서 놀라운 변화를 목격했습니다. 처음에는 모든 결정을 제가 내려야 했지만, 직원들이 성장하면서 점차 제 역할을 분담하고, 때로는 저를 넘어서는 전문성을 갖게 되었습니다. 실제로 어려운 프로젝트를 맡은 직원이 있었는데, 제가 과거에 겪었던 유사한 경험과 해결 방법을 나누자, 그 직원은 저의 경험을 응용하여 깜짝 놀랄만한 성과를 거뒀습니다.

지식 전달은 조직 전체의 역량을 기하급수적으로 증가시키는 투자입니다. 이런 환경에서는 조직의 창의성과 혁신 능력이 자연스럽게 향상될 수밖에 없습니다.

지식은 계속해서 바뀌고, 오늘의 지식이 내일은 어떻게 수정될지 모릅니다. 모르는 것을 인정하고 배우려는 자세가 더 강한 리더를 만듭니다. 완벽한 리더가 되려고 노력하기보다는, 계속 성장하는 리더가 되기 위해 오늘도 한 가지 새로운 것을 배우고, 한 사람이라도 더 성장시킬 방법을 고민해보세요. 진정한 리더십의 시작입니다.

김 코치의 실천 한 마디

'모르는 것이 있다'고 인정할 때 리더십은 출발합니다. 매주 혹은 매달, 한 가지씩 새로운 것을 배우고 팀원들과 공유하는 습관을 만들어보세요. 실수나 실패의 경험도 숨기지 말고 솔직하게 나누면, 팀원들도 실패를 두려워하지 않게 됩니다. "내가 예전에 이런 실수를 했는데…"라고 시작하면 직원들도 부담을 내려놓고 집중합니다. 나누면 나눌수록 리더를 포함해 참여자 모두가 더 많이 배우게 되고, 팀 전체가 함께 성장하는 선순환이 만들어집니다.

다시는 선택하고 싶지 않은 일

안승호

얼마 전 연구실 동료와 연간 성과에 대해 논의한 적이 있습니다. 연구실은 선행 연구를 함께 병행해야 하기 때문에 양산 개발 조직과 같은 일을 해서는 안 됩니다. 최소 3년에서 5년 앞을 내다보고 기술을 발굴하고 빌드업해서 제품에 반영하는 일을 해야 합니다.

저는 부식(녹)을 전공했습니다. 입사 이후 줄곧 관련된 업무를 해왔습니다. 그렇지만 모빌리티 패러다임이 바뀌는 상황에서 새로운 연구에 도전하기로 결심했습니다. 여기에서 구체적으로 밝힐 수는 없지만, 새로운 큰 변화에 대응하는 연구였고, 회사 내에서도 새롭게 정의되는 분야였습니다. 그래서 모두가 반신반의했습니다. 이런 상황에서 연구의 콘셉트를 구체화하고 가시적인 성과를 만들어 내는 일은 무척 중요하고도 어렵습니다. 우리의 존재의 이유를 증명하는 일이니까요.

매슬로우의 인간 욕구설에 따르면, 존재의 욕구와 자아실현의 욕구가 가장 높은 단계의 욕구입니다. 업무의 목적이 명확해질 때, 구성원들은 자신의 존재감을 더욱 크게 느낍니다. 이는 단순히 업무를 수행하는 것을 넘어, 업무를 통해 개인의 성장을 도모하게 하는 원동력이 됩니다.

연구실의 연구원들에게도 마찬가지로 적용되는 논리입니다. 내가 하는 일의 이유와 가치를 이해하는 순간 해내고 싶다는 동기가 생기고, 이는 강한 업무 몰입으로 이어집니다. 결과적으로 업무에도 긍정적인 영향을 미칩니다. 하지만 가끔은 연구 결과를 설명하고 주변 사람들의 이해를 구하는 과정에서 정말 지치는 때가 있습니다. 마음속으로는 '내 일에 확신이 있으니까 적극적으로 해야지'라고 생각하지만, 현실은 생각보다 버거울 때가 많습니다. 그렇다고 중간에 포기할 수도 없습니다. '내가 믿고 있던 게 정말 맞는 걸까?'라며 스스로를 의심하는 순간, 더 우울해지는 악순환에 빠지게 되기 때문입니다.

그리고 새로운 과제를 연구하다 보면 갈등도 함께 경험합니다. 새로운 시도는 언제나 위험성을 갖고 있고 불확실한 반면, 기존 프로젝트는 안정성을 추구하기 때문에 그 사이에서 일어나는 갈등입니다. 『룬샷(Loonshots)』이란 책에도 나오지만 룬샷(새로운 혁신 상품의 개발)과 프랜차이즈(성공한 제품의 안정적 확장) 사이의 갈등입니다. 중요한 점은 둘 사이에 다이나믹한 상호작용이 일어나지 않는다면, 둘 다 제자리에서 멈춘다는 것입니다. 현재는 더 나은 미래를 보고 움직이고, 미래는 현재를 기반으로 설계되기 때문입니다.

얼마 전 연구실로 부서 이동을 해온 동료가 아내로부터 이런 말을 들었다고 전해주었습니다. "당신, 무슨 고민이 있어요? 잠을 못 이루고 뒤척거리는 모습을 보네요?" 동료는 20여 년 동안 설계팀에서 근무한 베테랑이지만, 오랜 고민 끝에 우리 연구실에 최근 합류했습니다. 누구든 컴포트 존(Comfort Zone)에서 벗어나 새로운 분야에 도전한다는 것은 잠을 설칠 만큼이나 이려운 일입니다.

그에게 만약 다시 선택한다면, 연구실로 오겠냐고 물어봤습니다. 그는 즉답을 피했습니다. 충분히 이해가 되었습니다. 다시는 선택하고 싶지 않을 정도로 어려운 일이지만,

          리더의 지속 가능한 성장

용기 있는 결단으로 도전하고, 그래야 껍질을 깨뜨리고 부화에 성공하는 병아리가 된다는 것을 그도 잘 알고 있기 때문입니다.

우리가 걸어갈 여정이 금방 금빛 찬란한 꽃 길로 바뀔 것으로 생각하지는 않습니다. 지금의 고통은 연구의 결과와 의미를 농축시키는 과정에서 필수적으로 만날 수밖에 없는 것입니다. 새로운 발견과 혁신으로 가는 길은 얽히고 설킨 정글을 헤집고 나가는 과정을 반드시 거치게 됩니다.

사람은 기본적으로 손실 기억에 집착하게 됩니다. 추진해왔던 일이 완성되지 못하고 인정받지 못하면 심리적으로 위축되어, 굳이 도전적이며 창의적인 일을 하려고 하지 않습니다. 이런 경험은 조직의 무형 역량을 하향 평준화시켜버리는 효과를 낳습니다.

그렇다면 리더는 어떻게 해야 할까요? 구성원들과 함께 과제를 도출하고 구성원들의 역량에 맞춰 분배할 때, 단기적인 것과 중장기적인 것을 분리하여 상호 탄력적 운영을 해야 합니다. 그러면서 중장기적인 과제는 어떻게 지속적으로 완성도를 끌어올리는 지원이 가능한지를 고민해야 합니다.

오늘 밤늦게 퇴근하면서 동료의 책상을 한참 바라다보

있습니다. 그리고 혼자 중얼거려 보았습니다.

"새로운 길을 만들어가는 과정에서 흔들리는 건 당연해요. 지금 여러분이 도전하고 있는 것 자체가 이미 큰 용기이고, 저는 그 과정을 믿고 지지할게요. 우리 같이 손잡고 의연하게 걸어갑시다."

김 코치의 실천 한 마디

연구 정책이나 회사에 따라 다를 수 있겠지만, 팀원별로 단기 연구 과제와 장기 연구 과제를 8:2 비율로 배분하여 안정감과 도전 동기를 동시에 충족시키세요. 큰 목표를 월별 마일스톤으로 세분화한 다음, 달성할 때마다 이를 인정해줍니다. 실패는 '학습 데이터 확보'라는 관점으로 재정의해서 부정적 감정을 중화시킵니다. 그리고 '우리의 연구가 회사와 사회에 미칠 의미'에 대해 계속 스토리텔링하여 연구 필요성과 연구자의 존재 가치에 대해 지속적인 확신을 심어주세요.

　　　　　　　　　리더의 지속 가능한 성장

리더의 고민

리더십에 대한 생각 몇 가지

안승호

요즘 마음이 조금 복잡합니다. 이런 감정이 낯설지는 않지만, 그렇다고 그냥 지나치고 싶지도 않아서 사무실에 혼자 남아 생각을 정리해봅니다.

제가 속한 연구실의 정체성과 조직에서 추구할 가치를 생각해 본다면 분명한 방향성은 있다고 생각합니다. 다만 현실은 생각보다 복잡합니다. 연구 역량을 빠르게 입증해야 한다는 관점에서 보면, 중장기적 과제의 연구가 다소 여유롭게 보여집니다. 그렇다 보니, 시선이 곱지 않을 때도 있습니다. 하지만 세상을 바꾼 기술은 오랜 시간 성장과 저항의 과정에서 만들어지고 발전되어 왔지, 절대 한순간에 만들어지지 않습니다.

리더의 역할이라는 것도 결국 외부의 시선을 잘 정리하고, 내부의 저항을 잘 다독이며, 직원들이 자신의 연구에 사명감을 가지고 집중하도록 분위기를 만드는 것이겠지요.

최근 이런 고민을 하면서 리더십에 대해서도 몇 가지를 생각하게 되었습니다. 혹시 비슷한 상황에 계신 분들께 조금이나마 도움이 될까 싶어 몇 가지 정리를 해보았습니다.

먼저, "리더의 감정 관리"가 생각 이상으로 중요하다고 생각합니다. 우리가 느끼는 불안이나 조급함은 의외로 쉽게 전체로 퍼져갑니다. 마치 잔잔한 호수에 돌멩이를 던졌을 때 생기는 파문처럼 말이죠. 그래서 리더는 자신의 감정을 솔직하게 인정하되, 그것이 팀에 미치는 영향을 늘 고려해야 합니다. 그래서 때로는 혼자만의 시간을 갖고 마음을 정리하는 것도 필요합니다.

다음으로 "완벽한 답"을 항상 가지고 있어야 한다는 부담에서 벗어나야 합니다. 리더라고 해서 모든 것을 다 알 수는 없습니다. 오히려 모르는 것은 모른다고 인정하고, 함께 해답을 찾아가는 자세가 더 중요합니다. 후배 연구원들과의 대화도 일방적으로 방향을 제시하는 것이 아니라, 생각을 나누며 함께 길을 모색하는 것이 되어야 합니다.

　　　　　　　　　　　리더의 지속 가능한 성장

그리고 상황이 어려울수록 "팀원들과의 소통"을 늘려야 합니다. 혼자서 끙끙 앓으며 고민하기보다 적절한 선에서 현재 상황을 공유하고, 함께 대안을 찾아보는 것이 훨씬 효과적입니다. 팀원들을 불필요하게 불안하게 만들지 않는 범위에서 말이죠. 투명하고 진솔한 소통이 신뢰를 쌓는 가장 확실한 방법입니다.

마지막으로, 단기적인 성과 요구와 장기적인 비전 사이에서 "균형"을 잡는 것이 중요합니다. 당장의 성과도 중요하지만, 팀이 추구하는 가치와 방향성을 잃지 않는 것도 그에 못지않게 중요합니다. 때로는 현실적인 판단과 타협을 해야 하지만, 팀의 정체성과 목표를 명확히 유지하는 것도 놓치지 말아야 합니다.

리더십이란 혼자 앞서 나가는 것이 아니라, 함께 걸어갈 길을 만들어가는 것입니다. 완벽하지 않더라도 진정성을 갖고 팀원들과 함께하려는 마음만 있다면, 어떤 어려움도 헤쳐나갈 수 있습니다.

김 코치의 실천 한 마디

매주 월요일 아침 10분간 '솔직한 현황 브리핑'이라는 것을 해보세요. '현재 우리가 직면한 압박 요소 3가지', '이번 주 집중할 핵심 과제 2가지', '장기 목표 달성을 위한 작은 진전 1가지'. 투명하게 공유하고 팀원들 의견을 듣는 것이 필요합니다. 개인 면담은 월 1회 30분씩, '당신이 이 연구를 통해 어떤 전문가로 성장하고 싶은가'를 중심으로 진행하여 개인 비전과 팀 목표를 연결해보세요. 대화를 하다가 자신의 설명이 부족하다고 느끼거나 팀원과 입장 차이가 분명해진다면, 잠시 멈춰보세요. 그런 다음, '24시간 룰'을 적용해 하루 정도 차분히 판단하고 나서 대화에 나서는 게 좋습니다.

 리더의 지속 가능한 성장

조직 운영의 진솔한 고민

안승호

저녁 늦은 시간, 여러 리더가 한자리에 모였습니다. 평소라면 업무적인 대화나 성과 공유가 주를 이뤘겠지만, 이날은 분위기가 달랐습니다. 각자 조직을 이끌어가며 겪는 현실적인 어려움을 털어놓으며 서로 격려하는 자리였습니다. 공식적인 회의실이 아닌 편안한 공간에서 격식 없이 대화하다 보니 조직 운영의 진솔한 고민이 하나둘 드러나기 시작했습니다.

먼저 세대 간 소통의 어려움에 대한 이야기가 나왔습니다. 고경력자들이 후배에게 지식을 전수할 때면 자연스럽게 하나라도 더 가르쳐주고 싶은 마음에 어느새 꼬리에 꼬리를 물며 말이 길어집니다. 하지만 젊은 세대는 필요한 핵심만을 원합니다. 지식의 체계적 연결보다는 즉시 활용 가능한 정보를 더 선호합니다.

이에 대해 한 리더는 '후배가 먼저 뭘 원하는지 물어보는 것부터 시작해야 한다'라고 조언했습니다. 일방적인 전달보다는 "지금 어떤 부분이 가장 궁금한가요?"라고 묻고, 그에 맞춰 핵심만 전달한 후 "더 알고 싶으면 언제든 물어보세요"라는 여지를 남기는 것이 더 효과적이라는 것입니다.

조직 내 위치 변화에 따른 미묘한 관계 변화도 흥미로운 주제였습니다. 조직장에서 물러난 이들이 실무자로 돌아가 일할 때(팀장을 하다가 팀원이 되는) 과거 관계에 따라 주변의 반응이 극명하게 갈립니다. 어떤 분은 조직 내에서 따뜻한 격려와 지원을 받는가 하면, 어떤 분은 그런 환대를 받지 못하기도 합니다. 그리고 이렇게 바뀐 위치에 대해 불편함을 드러내는 분도 있습니다.

이런 상황에서는 역할의 명확한 재정의가 서로를 위해서 필요하다는 의견이 나왔습니다. 조직장에서 물러난 후에는 스스로 새로운 역할을 명확히 선언하고, 과거의 권한과 현재의 역할을 구분해서 소통해야 한다는 것입니다. "이제는 협력자로서 함께 일하고 싶다"는 메시지를 명확히 전

　　　　리더의 지속 가능한 성장

달하고, "상하 직원이 아니라 동료 직원으로서의 새로운 관계 설정에 시간을 투자해야 한다"라고 했습니다.

신입사원들의 기대와 현실 사이의 간극도 논의했습니다. 이들은 선배들로부터 다양한 직무 지도를 받고 싶지만, 유연 근무와 재택 근무 탓에 함께하는 시간이 줄어들면서 기대만큼 충분한 교육을 받지 못하는 것에 불안해한다고 합니다. 이 또한 일하는 방식이 변화하면서 생긴 새로운 문제입니다.

이 문제에 대해서는 의도적인 만남의 설계가 필요하다는 해법이 제시됐습니다. 자연스러운 만남이 줄어든 만큼, 정기적인 멘토링 시간을 공식적으로 확보해서 온라인으로라도 효과적인 소통 체계를 구축해야 한다는 것입니다. 또한 능동적으로 질문하고 도움을 요청하는 방법을 신입사원들에게 알려주는 것 또한 중요하다고 했습니다.

조직 운영에서 직급과 직책이 아닌 존경과 존중의 방식으로 고경력자를 대하는 방법에 대해서도 이야기를 나눴습니다. 같은 고경력자라도 '특정 분야 전문가'라고 소개받으면 청중의 태도가 확연히 달라지는 것처럼, 직책이나 타이틀이 주는 권위보다 전문성에 대한 인정이 더 중요하다고 했습니다.

조직의 미래에 대한 불안감도 솔직하게 털어놓았습니다. 현재 조직이 겪는 어려움은 미래에 대한 불확실성에서 오는 반면, 지금의 성과는 몇 년 전 열심히 노력한 결과라는 시차적 특성도 언급했습니다. 조직 운영의 장기적 관점의 중요성을 말하는 대목입니다.

이런 불안감에 대해서는 현재에 집중하되 미래를 준비하는 이중 전략이 필요하다는 조언이 나왔습니다. 당장의 성과에 매몰되지 않으면서도 3-5년 후를 내다보는 투자를 게을리하지 말아야 한다는 것입니다. 특히 구성원들과 미래 비전을 공유하고, 불확실성 속에서도 조직이 나아갈 방향을 지속해서 소통하는 것이 리더의 핵심 역할이라고 했습니다.

개인적인 성장 경험에 대해서는 현장에서 문제에 부딪혀 절박함과 열정 하나만 갖고서 달려들었을 때 가장 큰 배움을 얻었다는 얘기가 공통적으로 나왔습니다. 안전지대를 벗어나 도전할 때 성장이 일어난다는 것입니다.

이날 대화는 '리더십의 이상향'보다 조직을 운영하며 마주하는 현실적인 고민을 솔직하게 공유하는 자리였습니다. 이 얘기는 앞으로 리더가 되는 여러분들도 곧 마주치게 될 문제이자 고민입니다.

　　　　　　　　　　　리더의 지속 가능한 성장

리더의 가장 큰 위험은 고립입니다. 모든 문제를 혼자 해결하려 하다 보면 시야가 좁아지고 편견이 생깁니다. 정기적으로 다른 리더들과 만나 '내가 놓치고 있는 것이 무엇일까?'를 확인하는 시간이 필요합니다. 특히 부하 직원에게는 말하기 어려운 외로움이나 불안감을 동료 리더들과 나누는 것만으로도 큰 위안이 됩니다. 그리고 모임에서 성공 사례보다 실패담이나 고민거리를 먼저 공유하세요. 서로의 약함을 인정할 때 진짜 도움이 되는 조언이 나옵니다. 완벽한 리더 연기를 내려놓고 진솔한 인간으로 만나는 순간, 리더십도 한 단계 진보합니다.

최훈영

윤리

기술에도 윤리가 필요하다

과거 프로젝트 사전 검증 업무를 위해 새로운 시스템을 도입했을 때, 저는 사용자 편의성 보다는 이를 이용해서 얼마나 더 많은 데이터를 수집하고, 정확한 분석으로 성과를 도출하느냐에만 집중했습니다. 결국에는 원하는 수준의 정보를 수집하고 처리할 수는 있게 되었지만, 사용하기에는 불편한 시스템이 되고 말았습니다. 사용성이 떨어지다 보니 직원들로부터 외면을 받았고, 결과적으로 성과도 미미하게 나타났습니다.

그때 저는 깨달았습니다. 새로운 시스템의 활용도를 높이기 위해서는 사용자 만족도를 반드시 고려해야 한다는 것과, 좋은 기능을 갖춘다고 해서 사용자들이 즐겨 사용하지는 않는다는 것을 알게 되었습니다. 어찌 보면 당연한 사실을 그제야 피부로 인식한 것입니다. 이후 사용자 인터페이스를 개선하면서, 점차 시스템 활용도가 증가하는 결과를 얻을 수 있었습니다.

그리고 이때 더 중요하게 깨달은 한 가지는 "기술에도 윤리가 필요하다"는 말의 진정한 의미였습니다. 여기서의 윤리는 앞서 얘기한 에피소드에서의 사용자 만족도 같은 것이기도 합니다.

즉 아무리 좋은 기술도 윤리를 우선하지 않으면 사람들의 신뢰를 얻기 어렵다는 것입니다. 지극히 당연한 말이지만, 현장에서 기술적 완성도만 생각하다가는 이 기술이 사람에게 줄 수 있는 이익이나 해악이 무엇인지 가끔 놓칠 때가 있습니다. 원자 폭탄을 만든 과학자들이 처음에는 자신의 연구 결과가 사람에게 어떤 문제를 일으킬지 고민하지 않았지만, 나중에는 이러한 윤리 문제를 고려해 연구 방향을 수정하거나 수정하기 위해 노력했던 것과 같습니다.

리더의 역할은 연구의 방향성과 한계, 지향점을 명확히 하는 시선을 갖는 것입니다. 단순히 기술을 도구나 수단으로만 보지 않고, 사람과 사회에 미치는 영향까지도 고려하고 책임진다는 자세로 보는 것입니다.

한 번은 수익성이 높은 기술 솔루션을 제안받았지만, 사용자의 프라이버시를 침해할 가능성이 있다고 판단되어 도입을 보류한 적이 있습니다. 당시에는 새로운 기회를 놓친 것 같아 아쉬웠지만, 나중에 유사한 기술을 도입한 경쟁사가 개인정보 유출 사고로 큰 타격을 받는 것을 보며, 그때의 선택이 옳았음을 확신했습니다. 윤리적 판단을 바탕으로 기술을 운용하면, 단기적으로는 손해처럼 보일 수 있지만, 장기적으로는 고객과 사회의 지지를 받을 수 있음을 경험한 사례였습니다.

이런 일도 있었습니다. 빅데이터 활용 프로젝트를 진행하다 직원들의 개인 정보를 과도하게 수집할 수밖에 없는 상황이 발생했는데, 무리하게 진행하지 않고 데이터 수집 범위를 제한하고 투명성을 높이는 방향으로 수정 진행했습니다. 결과적으로 초기에 목표로 했던 것보다 작은 성과밖에 거두지는 못했지만, 직원들이 신뢰하는 프로그램이 되었습니다. 또 한 번은 업무 효율성 향상을 위해 직원 모니터링 시스템을 검토했지만, 이 또한 직원들의 창의성을 해칠 수 있다고 판단했습니다. 오히려 자율적인 성과 관리 시스템을 구축하는 것이 직원들의 업무 창의성을 더 높였습니다.

이처럼 윤리가 없는 기술 결정은 순간의 효율성은 높일 수 있지만, 미래의 리스크 또한 키울 수 있습니다. 반대로 윤리가 밑바탕이 된 기술과 시스템은 처음에는 다소 미약하지만, 시간이 흐르고 나서 성과로 연결되는 힘을 발휘합니다.

기술과 관련된 리더의 결정은 늘 선택의 연속입니다. 새로운 소프트웨어 도입, 자동화 시스템 구축, 데이터 활용 방안 등 매일매일 크고 작은 결정을 내려야 합니다. 그때마다, 중심을 잡아주는 것은 기술을 사용하는(적용받는) 사람에 대한 생각과 윤리적 기준입니다.

지금까지의 얘기를 정리해보겠습니다. 기술은 우리에게 놀라운 가능성을 제공하지만, 그것을 이용해서 물건을 만들고 서비스를 제공하는 우리의 판단과 선택이 중요합니다. 제가 초기에 범했던 실수는 기술의 기능적 측면에만 집중하고 그것이 사람들에게 미치는 영향은 간과했기 때문에 일어났습니다. 리더는 기술의 방향을 결정할 뿐만이 아니라, 그것이 사람을 해치지 않도록 지켜보는 양심이 되어야 합니다.

'이것이 우리 조직의 사람들과 사회에 어떤 영향을 미칠

까?'라는 질문을 던져보기 바랍니다. 그리고 단기적인 성과보다는 장기적인 신뢰와 지속가능성을 고려한 결정을 내리기 바랍니다.

기술은 발전할수록 더 큰 윤리적 책임을 요구합니다. 그리고 그 책임을 져야 하는 것은 기술을 개발한 우리이고, 더 나아가서는 리더인 나입니다.

김 코치의 실천 한 마디

새로운 기술을 만났을 때 가장 먼저 물어야 할 질문은 "이것이 얼마나 혁신적인가?"가 아니라 "우리 고객들이 이것을 통해 얼마나 더 행복해질 수 있을까?"입니다. 기술의 화려함에 눈이 멀어 사용자의 입장을 놓치는 순간, 기술은 조직에 부담이 됩니다. 또한 단기 성과에 대한 압박이 클수록 윤리적 기준을 더욱 단단히 붙잡아야 합니다. 경쟁사가 빠르게 움직인다고 해서 서둘러 따라갈 필요는 없습니다. 올바른 방향으로 한 걸음씩 나아가는 것이 결국 더 멀리, 더 안전하게 갈 수 있는 길입니다.

 리더의 지속 가능한 성장

나는 어떤 수행자인가

이용정

각자의 삶에 있어 인생의 큰 부분을 차지하는 직장 생활은 수행의 한가운데 서 있는 것과 같다는 생각을 합니다. 그동안 저는 회사라는 공동체 구성원들의 다양한 모습을 보아 왔고 그들의 역할 분담이 흥미롭게도 '요가 공동체(Yoga Community)'의 수행자들과 유사하다는 생각을 했습니다.

삶의 방향을 제시해 주는 '구루(Guru)', 실천적 모범으로 지도하는 '아차리야(Acharya)', 실제 행동 규칙을 알려주는 '시크사카(Siksaka)', 성실히 수련을 하는 '요기(Yogi)', 끊임없이 노력하는 '사다카(Sadhaka)' 그리고 여기에 조직 내에서 가끔 발견되는 조용하지만 튀는 회사원 '프리라이더(Free Rider)'와 헌신적인 '서번트(Servant)'. 이들의 역할별 특징을 아래와 같이 요약해 보았습니다.

구루는 '비전과 인생의 길을 인도해주는 리더'입니다. 요가의 철학과 수행법, 인생의 진리를 전수하는 영적 리더로 산스크리트어로 '무지(암흑)를 없애는 자(빛)'라는 뜻입니다. 단순한 선생님을 넘어 영적인 인도자로서의 '참스승'을 의미합니다. 이들은 업무와 조직문화뿐 아니라 삶의 철학, 일의 본질, 사명과 비전을 제시합니다. 직원들이 소명 의식과 내면적 성장까지도 이룰 수 있도록 깊은 영향을 미칩니다. 나아가 회사를 일터 이상의 성장의 장, 삶의 길을 제안하는 공동체로 변화시킵니다. 회사 내 깊은 뿌리와 같은 존재로서 실적 너머의 가치 및 구성원들의 성장과 조직문화의 본질을 담당합니다.

아차리야는 '일과 조직문화의 길을 인도해주는 리더'입니다. 아차리야는 산스크리트어로 행위로 가르치는 스승, 실천적 스승을 의미합니다. 모범적 지도자며 행동으로써 가르침을 내리는 교사로 구루만큼의 영적 지위는 아니지만, 자신의 삶과 실천으로 본보기가 되는 역할을 합니다. 올바른 행동과 습관 및 수행을 통해 공동체를 이끄는 실천적

  리더의 지속 가능한 성장

지도자이기도 합니다. 이들은 일의 방법뿐 아니라 일의 이유, 부서만의 원칙, 조직문화, 바람직한 직장인의 자세까지 가르칩니다. 말만이 아니라 행동으로 솔선수범하는 모습을 보여줍니다.

시크사카는 '실무의 길을 지도해주는 리더'입니다. 이들은 명상법 등 요가의 구체적인 테크닉 및 실천법을 지도합니다. 신체적 숙련과 가르침에 중점을 두어 다양한 레벨의 수련자를 목적에 맞게 지도합니다. 회사에서는 신입사원이나 팀원에게 매뉴얼, 업무 지시, 실습 위주의 코칭 제공 등 구체적인 업무 방법과 절차를 직접 가르치고 도와주며 실무적으로 안내하는 사람입니다.

요기는 '선도적이고 주체적인 직원'입니다. 요가 수행자로서 요가를 인생의 중요한 실천으로 삼고 일상에서 수련, 명상, 철학 연구 등 심도 깊은 요가 수행을 하는 사람을 말합니다. 업무에 대한 철학과 의미를 찾고, 자기 주도적으로 일하며, 회사 문화와 가치를 일상 속에서 실천하는 선도적이고 주체적인 직원입니다. 스스로의 성장과 변화를 위해 적극적으로 업무를 수행하며, 종종 셀프리더 또는 롤모델을 자처합니다.

사다카는 '배우고 실천하고 성장하는 일반적 회사원'과

같습니다. 수련자, 연습생, 길을 걷는 자를 의미하는 말로써 일반 수행자, 제자, 모든 단계의 요가 실천자를 일컫습니다. 의욕적으로 요가를 배우고 실천하며 겸손과 열린 자세로 학습에 임하는 사람입니다. 주니어, 일반 팀원, 입사 초기에서 중간 레벨의 직원 등 팀 내에서 성장하는 멤버로서, 새로운 것에 호기심이 많고, 배우려는 태도를 가지며, 맡은 역할과 과업에 최선을 다합니다. 실수하고 도전하며 점차 경험을 쌓아가는 단계로, 미래의 인스트럭터, 아차리야, 혹은 구루(팀장, 리더)로 성장할 잠재력 보유하고 있습니다.

프리라이더는 '조직 내 무임승차형 회사원'입니다. 모임이나 조직의 혜택은 누리면서 실제적인 수행이나 기여에는 매우 소극적인 태도를 보입니다. 회원이나 실제적 변화와 성장은 미미하여 타인의 에너지에 의존하는 경향을 보이는 사람입니다. 팀의 성과물과 복지, 팀워크 등은 누리면서도 자신의 역할과 책임에는 충실하지 않는 직원, 팀 프로젝트에서 맡은 일을 제대로 하지 않고 동료들의 도움이나 결과에만 기대는 직원, 공동의 목표에는 관심이 없고 급어, 복지, 승진 등 개인적인 이익만 챙기는 회사원을 일컫습니다.

서번트는 '헌신적 지원자형 회사원'입니다. 직접적으로 앞에서 이끄는 리더는 아니지만, 헌신적 지원자이며 뒤에서 돕는 조력가입니다. 공동체가 잘 운용될 수 있도록 이타적으로 뒷받침하고 봉사, 운영, 환경 관리, 행사 지원 등 실무에 강점을 가진 사람을 말합니다.

요가 공동체 구성원과 회사 구성원들의 역할 비교는 조직 속에서 우리의 다양한 모습을 잘 엿볼 수 있게 해줍니다. 재미있는 점은 개인 간 관계와 상황에 따라 같은 사람이 다른 역할로 평가될 수 있고, 한 사람에게서 여러 가지 모습이 동시에 관찰될 수도 있다는 것입니다. 사무실 뒷자리에 앉아 매일 인터넷 기사만 보고 있는 팀장님을 누군가는 '시장의 정보를 파악해서 업무 방향을 제시해주는 구루'로 생각할 수 있고, 또 누군가는 '실무는 아래 직원들에게 떠넘기고 잔소리만 하는 프리라이더'로 생각할 수도 있습니다. 실제로 업무 현장에서는 같은 사람이 어제는 인스트럭터, 오늘은 서번트, 내일은 프리라이더처럼 일할 수도 있습니다.

어제도, 오늘도 열심히 일하고 있는 '나'는 회사에서 어떤 역할을 하고 있는 걸까요? 내일의 '나'는 회사라는 공동체 속에서 어떤 모습으로 인생의 길을 걸어가고 있는 걸까요? 과거와 현재의 내 역할을 돌아본다면, 되고 싶은 리더의 역할을 찾아갈 수 있습니다.

김 코치의 실천 한 마디

워크숍에서 간단하게 '역할 찾기 게임'을 해보세요. 우리 팀에서 누가 비전을 제시하는 사람(구루)이고, 모범을 보이는 사람(아차리야)이고, 실무를 잘 가르치는 사람(시크사카)인지. 서로 이야기해보며 각자의 강점과 부족한 역할을 파악하세요. 개인 면담에서는 "6개월 후 어떤 역할의 사람이 되고 싶은가?"를 물어보고, 그 역할에 필요한 행동 두세 가지를 함께 정해 월별로 실천 여부를 체크하는 것도 좋습니다. 일을 미루거나 책임을 피하는 직원(프리라이더)이 있다면 질책보다는 작은 도움 역할(서번트)부터 시작하도록 가이드하고, 점차 성취감을 가질 수 있도록 유도합니다. 팀 전체적으로 각자가 어떤 고유한 기여를 하고 있는지 정기적으로 인정해주고 역할 의식을 높이도록 합니다. 무엇보다 리더인 본인부터 '나는 지금 어떤 역할을 하고 있고, 앞으로 어떻게 성장할 것인가'를 솔직하게 성찰하고 구성원들과 그 내용을 공유하세요.

리더의 지속 가능한 성장

다시 생각하는 선배의 역할

이용정

제가 겪었던 한 가지 경험을 말씀드리고 싶습니다. 약 10년간의 회사 생활을 거쳐 과장 직책을 맡던 무렵, 현장에 한 신입사원이 발령을 받고 왔습니다. 흔히 말하는 '알아주는' 학교를 졸업한 그는 씩씩하고 명석했으며 업무에 대한 열정도 넘치는 직원이었습니다. 당시 저는 어느 정도 실무에 자신감을 가지고 있었고 직원들 사이에서도 나름 인정을 받고 있다고 느끼는 중이었습니다.

그래서 제가 신입사원 때 선배들에게 받았던 것처럼, 제 경험과 조언들을 아낌없이 전달하며 "선배들의 장점을 열심히 배우고 자격증 공부도 병행하면서 개인적으로나 기술적으로 성장한다면 충분히 성공할 수 있다"는 이야기를 성심성의껏 해주었습니다. 더불어 제가 지금까지 얼마나 쉬지 않고 달려왔는지를 강조하면서 최소한 나만큼은 해야 회사에서 살아남고 성과를 내며 성장할 수 있다는 이야기도 들려주었습니다.

그는 항상 제 이야기를 경청하고 저와 함께 성실히 업무를 수행해 나가며 나날이 눈부신 성장을 해나갔습니다. 그런데 제가 다른 현장으로 발령을 받은 뒤 불과 3개월 만에 그 후배가 회사를 사직했다는 소식을 듣게 되었습니다. 후일 후배를 만난 식사자리에서 퇴직의 이유를 물었습니다. 그런데 그의 대답은 예상 밖으로 충격적이었습니다. 그가 회사를 떠난 이유는 바로 앞서 이야기한 저의 조언들 때문이었습니다.

당시 매일매일의 업무량이 너무 과다하다고 느끼던 상황에서 '끊임없는 노력'을 강조하는 저의 조언이 개인의 시간과 삶을 완전히 포기해야 할 것 같고, 회사 생활의 미래가 너무나도 힘들게 느껴졌다고 했습니다. 그리고 저의 이야기를 들을 때마다 자신이 새장 안에 갇힌 새와 같다는 생각이 들어, 회사 밖에서 좀 더 자유롭게 도전하며 새로운 삶을 살아가고 싶었다고 했습니다.

　리더의 지속 가능한 성장

저는 후배의 이야기 속에서 내가 놓치고 있는 것이 무엇인지 크게 알게 되는 깨달음을 얻었습니다. 저의 조언이 후배들에게 본받고 따라가야 할 길로 보이기보다는 불편한 진실로 보일 수 있다는 것입니다. 한 사람의 경험은 특정한 환경과 맥락에 의존하기 때문에 아무리 잘 설명한다고 하더라도 보편적인 길이 될 수 없습니다. 제가 진심을 담아 했던 조언은 어떻게 보면 나의 경험인데, 그것을 보편적인 것인 양 후배에게 강조한 꼴이 된 것입니다. 후배는 마치 자신에게 올 미래에 대한 무거운 짐으로 받아들였고요.

저는 선배의 역할에 대해 새로운 생각을 하게 되었습니다. 그리고 제 개인의 경험이나 업무에 대한 열정 같은 것을 후배들 앞에서 가급적 입에 담지 않으려고 했습니다. 대신, 내가 '구루'(비전을 제시하는 리더)든 '아차리야'(모범을 보여주는 리더)든 무슨 역할을 하든 그것이 주변 상황과 잘 어우러진다면 후배들은 자신들이 보는대로 선배를 바라보고 인정해줄 것으로 생각했습니다. 서로에게 과도한 부담이나 마치 이렇게 해야 한다는 압박을 주지 않으면서도 나름의 성과와 실적을 올릴 수 있으리라고 생각했습니다.

때로는 완벽한 멘토가 되려고 애쓰기보다는 그 상황에 맞는 적절한 역할을 찾아 자연스럽게 수행하는 것이 더 현실적이고 효과적입니다. 후배들도 각자의 속도와 방식으로 성장해나갈 권리가 있고, 우리의 경험이 다른 의미로 다가갈 수 있다는 것을 인정하는 것이 진정한 선배의 자세가 아닐까 생각합니다.

김 코치의 실천 한 마디

후배에게 좋은 선배로서 조언을 전해야 한다는 부담은 은연중에 리더를 짓누릅니다. 멘토링에 나서기 전에 자신의 경험과 기술을 정리하며 적합한 것만 고릅니다. 그리고 '내가 옳다, 그러니 너는 내 말을 따라야 한다'는 생각은 접어둬야 합니다. 특히 특정 분야의 지식이 아니라 여러 선택이 가능한 이슈라면 더욱 그렇게 해야 합니다. 따라서 진정한 멘토링은 가르쳐주는 게 아니라 생각하게 이끄는 것이라고 하겠습니다.

리더의 지속 가능한 성장

나는 휴먼 엔지니어

안승호

미국 파견근무 시절 얘기를 해보겠습니다. 하루는 패밀리 데이(가족 초청 행사)를 열어보면 어떨까 하고 현지 매니저에게 제안했습니다. 현지 동료는 이제까지 그런 행사를 해본 적이 없다고 했습니다. 행사 준비부터 실행까지 소소한 일들의 복잡함을 잘 알기에 강하게 밀어붙이기 어려운 상황이었습니다. 하지만 현지 매니저는 제 뜻을 이해하고 함께 추진해보자고 제안을 받아줬습니다.

직원들 앞에서 행사의 의미를 설명했습니다. 자신들이 개발한 새로운 모델의 차량을 전시하고, 가족들에게 직접 설명하고, 방문객들의 기증품을 모아 지역 사회에 환원한

다면 회사 이미지 향상에 도움이 될 것이라고 얘기했습니다. 무엇보다 직원과 가족이 함께하는 소중한 시간이 될 수 있다고 강조했습니다.

저는 행사 준비를 위해 고향인 제주도청은 물론이고, 한국의 여러 기관으로 메일을 보내 한국을 알릴 수 있는 영상 자료를 구했습니다. 이제는 명실상부 글로벌 대기업인 현대자동차의 위상과 대한민국의 뛰어난 문화를 알리는 데에 이번 행사를 활용하자는 생각이었습니다.

행사 당일 많은 분이 방문했습니다. 자랑스러운 아들과 딸이 이곳에서 일하고 있다는 노부부, 아빠와 엄마가 일하는 공간을 보러 온 아이들. 모두가 함께 어우러졌습니다. 저를 비롯해 많은 동료가 현대에서 일한다는 것에 대한 자부심을 느꼈습니다. 이는 자연스레 회사에 대한 애사심으로 이어졌습니다.

파견 근무 4년 3개월을 마치고 한국으로 돌아갈 때, 저는 마지막 근무일을 알리지 않았습니다. 그동안 쌓아온 애정이 컸던 모양입니다. 미지막 날 회의실에 모두 모여달라고 했고, 마음을 담아 한 사람 한 사람에게 진심 어린 덕담을 건넸습니다. "저는 잠시 이곳에 와서 좋은 동료를 만나 행복했습니다. 이제 한국으로 돌아가지만, 물리적 공간만

 리더의 지속 가능한 성장

다를 뿐 저는 이미 여러분과 함께하고 있습니다." 그렇게 4년간의 주재원 생활을 마쳤습니다.

국경을 넘나드는 근무를 하며, 리더십에 대해 몇 가지 깨달은 점이 있습니다. 혹시 해외 근무를 앞두고 있거나, 다양한 문화권의 사람들과 함께 일해야 하는 동료들에게 작은 도움이 될까 싶어 몇 가지 생각을 나눠보고 싶습니다.

첫 번째로 문화적 차이를 극복하는 가장 좋은 방법은 먼저 다가가는 것입니다. 언제부턴가 저의 닉네임이 '휴먼 엔지니어(Human Engineer)'였는데, 이런 별명을 얻게 된 것이 언제나 제가 먼저 손을 내밀고 다가갔기 때문이 아닌가 싶습니다. 언어의 장벽이 있고, 문화적 배경이 달라도 진정성은 통한다고, 먼저 마음을 여는 제스처를 취할 때 그들도 저를 진심으로 대한다는 걸 느꼈습니다.

두 번째는 새로운 아이디어를 제안할 때 상대방의 관점에서 이익을 설명하는 것이 중요하다는 것입니다. 패밀리 데이 제안을 할 때도 단순히 '좋은 일이니까 해보자'가 아니라, 회사 이미지 향상, 직원 만족도 증진, 지역사회 기여 등 구체적인 가치를 제시했습니다. 아무리 좋은 의도라도 상대방이 공감할 수 있는 관점으로 설명해야 공감과 응원을 얻을 수 있습니다.

세 번째로 글로벌 리더십에서는 문화의 힘을 활용하는 것도 중요하다는 것입니다. 제주도청과 여러 정부 기관에 도움을 요청한 것도 이런 맥락이었습니다. 문화적 우수성을 인정받을 때, 좀 더 존중하는 모습을 이끌어 낼 수 있습니다.

마지막으로, 떠날 때의 모습입니다. 마지막 순간까지 진심을 다해 동료를 챙기고, 앞으로도 이어질 관계를 소중히 여기는 마음을 놓치지 말아야 합니다.

조직이 점점 비대해지고 기술 발전이 가속화될수록 조직 내 인간관계는 건조해지고 기계적으로 변해가는 경향을 보입니다. 이럴 때일수록 조직에 인간적 온기와 생명력을 불어넣어 구성원들 간의 유기적 연결고리를 강화하는 것이 무엇보다 중요합니다.

특히 요즘 같은 시대에는 리더가 단순히 업무 성과만을 추구하는 것이 아니라, 사람과 사람 사이의 따뜻한 연결을 만들어내야 한다고 말합니다. 오늘도 사무실에서, 연구실에서 일하는 동료의 호흡 소리에 귀를 기울여보십시오. 그들도 회사를 벗어나면 누군가의 소중한 아빠이고 엄마이고, 아들이고 딸입니다. 단순히 일하는 사람, 일하는 동료라는 시선 대신, 누군가의 소중한 존재라는 시선을 가져야 합니다. 그래야 조직이 단순한 기계가 아닌, 살아 숨 쉬는 공동체가 될 수 있습니다.

리더십은 사람의 마음을 움직이는 것입니다. 기술이 아무리 발달해도, 조직이 아무리 복잡해져도, 사람의 마음을 이해하고 감동을 줄 수 있는 리더가 가장 필요한 리더 아닐까요?

김 코치의 실천 한 마디

프로젝트 종료나 이별 시에는 각 동료에게 개별적으로 '당신이 나에게 가르쳐준 구체적인 것'을 언급하며 감사를 표현하세요. 예를 들어 "꼼꼼한 체크 방식 덕분에 내 업무 정확도가 높아졌어요" 같은 구체적인 학습 포인트를 말하는 것입니다. 단순히 "수고했어요"라고 말하는 것이 아니라, '당신 덕분에 내가 어떻게 성장했어요'라고 명확히 전달하면, 상대방은 자신의 가치를 실감하게 됩니다. 이런 진정성 있는 감사는 미래에 다시 만날 때도 긍정적 관계를 유지하는 토대가 되며, 무엇보다 '함께 성장한 동반자'로 나를 기억하게 됩니다. 떠나는 순간까지 상대방의 기여를 인정하고 존중하는 리더의 모습이 진정한 글로벌 리더십의 핵심입니다.

멀리 가려면 함께 가라

안승호

최근 들어 후배들 사이에서는 회사와 조직을 분리해서 생각하는 경향이 더욱 뚜렷해졌습니다. 그리고 주어진 업무 시간 외에 근무하는 것을 불편해하고, 업무 마무리에 대한 책임감 또한 과거에 비해 옅어졌습니다. 선배들이 보는 시선입니다.

예전에는 늦은 시간까지 일하는 것이 성과를 나타내는 지표였던 때도 있었습니다. 전통 제조업에서는 근무 시간이 곧 생산 물량과 직결되었기 때문입니다. 하지만 지금은 시대가 달라졌습니다. 한정된 자원을 어떻게 효율적으로 운영하여 공동의 목표를 이룰지에 더 관심을 가집니다. 이런 상황에서는 리더의 역할도 달라져야 합니다. 하지만 현장에는 처리해야 할 업무들이 산적해 있고, 이를 해결하기 위해 쫓기듯 일하다 보면, 나도 모르게 전문가 마인드에 머무를 때가 있습니다.

보통 리더와 전문가의 차이를 이렇게 구분합니다. 스스로 성과를 내는 사람이 '전문가'라면, 다른 사람을 움직여 성과를 내는 사람이 '리더'입니다. 전문가가 학습된 로직으로 문제를 해결하는 데 능숙한 사람이라면, 리더는 한 걸음 더 앞서서 조직의 변화를 이끌어내는 사람입니다.

아프리카 속담에 "빨리 가려면 혼자 가고, 멀리 가려면 함께 가라"는 말이 있습니다. 여기서 '함께 간다'의 의미는 개개인의 다양성을 존중하고 받아들여, 어떻게 하면 조직의 목표에 부합하는 시너지를 만들어낼지 고민한다는 것입니다. 즉 구성원 각자에게 생각과 실행의 주도권을 주고, 리더는 이를 한 곳으로 모으는 역할을 해야 한다는 것입니다.

몇 년 전 삼성생명 블루밍스 농구단이 시즌 우승을 차지했을 때, 임근배 감독은 자율 농구에 대해 이렇게 말했습니다. "자율은 운동을 대충 하는 게 아니라, 농구 자체를 생각하는 것입니다. 수동적이기보다 능동적인 자세가 필요합니다." 선수들에게 부여된 자율은 생각과 행동의 주도권을 갖되, 그 이면에 철저한 책임감을 갖도록 해야 한다는 것입니다. 임근배 감독은 이를 통해 훨씬 더 깊은 몰입을 이끌어낼 수 있다고 판단했습니다.

태어나면서부터 디지털 기기와 인공지능에 익숙한 세대가 조직으로 들어오기 시작했습니다. 이들이 커온 환경과 그동안 조직이 중시하던 환경은 확연히 다릅니다. 정서적 갈등이 일어날 수밖에 없습니다. 리더는 이러한 갈등을 해결하는 수완을 발휘해야 합니다. 나아가 시너지를 만들어야 합니다.

인공지능 시대라고 하지만, 인간만이 가지고 있는 고유한 가치는 사라지진 않습니다. 인공지능 시대에도 바뀌지 않을 리더십은 기술을 두려워하지 않으면서도 인간의 따뜻함을 잃지 않는 것입니다. 구성원들의 마음을 하나로 모아 새로운 가치를 만드는 것입니다.

김 코치의 실천 한 마디

아무리 완벽한 시스템과 매뉴얼이 있어도, 사람들이 서로 신뢰하지 않으면 형식적인 조직에 머물 뿐입니다. 진정한 조직문화는 '왜 우리가 함께 일하는가?'에 대한 공감대가 형성될 때 비로소 꽃피웁니다. 리더는 매일 작은 대화

 리더의 지속 가능한 성장

를 통해 구성원들의 개인적 성장 목표와 조직의 비전을 연결해주는 '문화의 씨앗'을 뿌려야 합니다. 기억하세요. 좋은 조직문화는 편안함이 아닌 '건강한 도전 의식'에서 자랍니다. 서로 격려하고 함께 성장하려는 마음이 모일 때, 그 조직은 위기 앞에서도 흔들리지 않는 단단한 문화를 갖게 됩니다.

리더가 리더에게 전하는 좋은 습관

01 / 매일 아침 단정히 준비하기

첫인상과 태도는 하루의 리더십을 결정합니다.

02 / 사소한 순간에도 신독(愼獨) 지키기

아무도 보지 않을 때에도 말과 행동을 절제합니다.

03 / 매일 10분 사색하기

스마트폰을 내려놓고 자신의 부족함을 찾는 성찰의 시간을

가집니다.

04 / 독서 습관 갖기

경영·심리·역사 등 폭넓은 독서를 통해 인간과 사회에 대한
통찰을 키웁니다.

05 / 정직한 말과 행동 하기

불편한 진실도 공유하며, 신뢰를 깎는 편의적 행동을 경계
합니다.

06 / 겸손하게 의견 구하기

구성원 의견을 듣고 안전한 발언 환경을 조성합니다.

07 / 구체적으로 감사 표현하기

"수고했어" 대신 "당신 덕분에 내가 성장했어"라는 식의 피
드백을 줍니다.

08 / 떠나는 사람을 따뜻하게 배웅하기

관계의 끝맺음을 긍정적으로 만들어 조직에 신뢰를 남깁니다.

09 / 공간을 세심하게 가꾸기

작은 인테리어나 배려로도 직원들이 존중받는다고 느끼게

 리더가 리더에게 전하는 좋은 습관

합니다.

10 / 구성원 강점에 맞춘 맞춤형 리더십 발휘하기

각자의 잠재력을 끌어낼 방법을 찾습니다.

11 / 조직의 비전 자주 설명하기

'왜 이 일을 하는가'를 명확히 공유하며 의미를 일깨웁니다.

12 / 말보다 실행을 중시하기

좋은 아이디어를 끝까지 실행으로 옮기는 습관을 가집니다.

13 / 유연하게 리더십 스타일 조정하기

위기·창의·일상 상황에 맞게 리더십 톤을 달리합니다.

14 / 연대감을 갖추기

동료 리더들과도 자주 교류하며, 어려움을 함께 나눕니다.

15 / 작은 도덕적 원칙 지키기

업무 추진비를 사용하는 것에도 기준 있는 행동을 습관화합
니다.

16 / 구성원 평가에서 원칙 지키기

편애가 아니라 공정함을 유지합니다.

17 / 정기적으로 피드백 수용하기

구성원들이 남긴 평가를 성찰의 거울로 삼습니다.

18 / 위기에도 일관성 유지하기

감정에 휘둘리지 않고 원칙적 태도를 갖습니다.

19 / 조직 전략을 생활 언어로 설명하기

전략이 각 구성원에게 어떤 의미인지 풀어 설명합니다.

20 / 늘 배움의 태도로 성장하기

교육·세미나·대화에서 얻은 교훈을 바로 행동 지침으로 만들고 반복합니다.

21 / 위기 후 학습 루틴 만들기

반드시 '무엇을 배웠는가'를 기록·공유해 다음 성과 관리의 자산으로 삼습니다.

22 / 작은 성과를 빠르게 공유하고 축하하기

위기 속에서도 작은 성과를 강조하며 팀 사기를 끌어올립니다.

23 / 빠른 의사결정 훈련하기

완벽을 기다리기보다 '충분한 정보'로 결정을 내리고 실행하며, 필요하면 즉시 보완합니다.

24 / 스트레스 관리하기

운동·취미 등으로 균형을 유지하고 긍정 에너지를 조직에 전합니다.

25 / 이질적 만남 자주 하기

타 분야의 사람들과 만나 교류하면서 새로운 시선과 관점을 얻습니다.

BH 060

리더가 리더에게
: 성장하는 리더의 습관

초판 1쇄 발행 2025년 11월 1일

지은이 안승호, 조재순, 윤태종, 이용정, 이상민, 최훈영, 김진영

펴낸이 이승현
디자인 스튜디오 페이지엔

펴낸곳 좋은습관연구소
출판신고 2023년 5월 16일 2025-000257호
주소 서울특별시 마포구 월드컵북로 400, 서울경제진흥원 5층 출판지식창업보육센터 18호

이메일 buildhabits@naver.com
홈페이지 buildhabits.kr

ISBN 979-11-93639-58-0 (13320)

좋은습관연구소에서는 누구의 글이든 한 권의 책으로 정리할 수 있게 도움을 드리고 있습니다. 메일로 문의주세요.